추 임 새

안 미 자 에세이

홍 익 출 판 사

• • 책머리에 • •

사월에 꽃길을 걷노라면 나뭇가지는 행간이고
꽃송이는 문맥입니다.
활짝 피었다가 떨어진 꽃잎은 들길에서 다시 피어나기도
합니다.
글쓰기는 삶의 행로인 것 같습니다. 글쓰기를 하면서부터
저의 삶에 봄비가 내리고 눈도 송이송이 내렸습니다.
아주 작은 야생화씨앗과 들꽃씨앗들이 모여서
여러 가지의 모양과 색깔로 이야기들을 이루어냈습니다.
그 이야기, 저의 촉촉한 추억과 그리움이고
가족과의 사랑입니다.
이번 수필집에 글감으로 동행을 해준
일곱 명의 귀여운 손녀와 손자들과 기쁨을 나누고 싶습니다.
그리고 사랑한다고 말하고 싶습니다.
산수유 꽃잎을 적시는 봄비와 눈을 맞추면서

2014년

안 미 자

차 례

2부

3부

4부

5부

1부

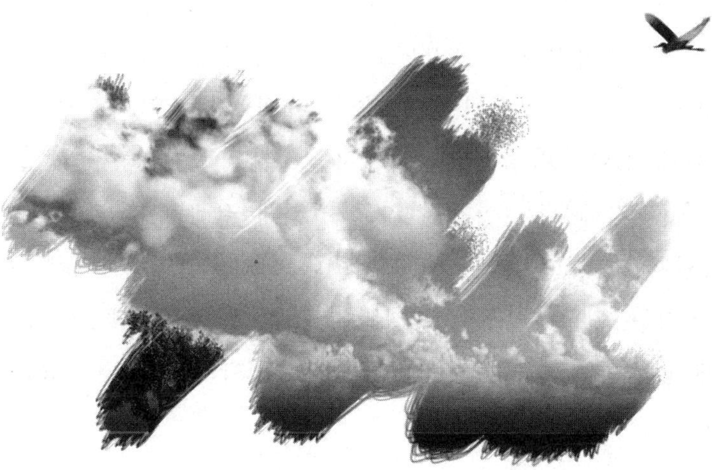

바람이 지나간 자리

길섶, 군데군데에 클로버 잎이 무성했다. 한 무더기에는 네 잎이 마디마디에 달려있었다. 간혹 다섯 잎도 보였다. 다섯 잎은 처음으로 보는 아주 귀한 잎이었다. 말하자면 돌연변이다.

오래전, 아버지께서 폐암으로 투병 중일 때 아버지를 모시고 길섶의 클로버무더기에 핀 하얀 꽃을 따서 아버지의 목에 목걸이로 걸어드리고 팔찌와 반지를 끼워 드린 적이 있었다. 그때, 아버지께서는 '아프지 않고 이렇게 지낼 수 있다면 얼마나 좋을까.' 하신 말씀이 새삼 그리움으로 떠올랐다.

아버지의 회갑기념으로 황금반지를 해 드렸다. 당신께서 끼고 계신 황금반지보다 꽃반지가 더 예쁘다고 하셨다. 황금반지는 생명이 없지만 꽃반지는 생명이 있기 때문이 아니었을까. 하지만 어머니이었다면 꽃머리띠를 만들어 머리에 씌워드렸을 것이다.

얼마 전에 이모가 세상을 떠났다. 이모는 된장에 풋고추를 찍어 먹고 싶다고 했다. 그래서 풋고추와 된장을 가지고 병문안을 갔다. 이모는 풋고추를 가리키며 농약뿌린 것이냐고 물었다. 눈치를 알아채지 못한 나는 꽃이 필 때 한번 뿌렸다고 말해버렸다. 단 하루와 한 시간이 아쉬운 이모에게 삶에 대한 희망을 주지 못해 괴로웠다.

이모는 나와 다섯 살 차이로 이모이지만 때로는 친구이기도 했다. 사교댄스와 성형외과에도 같이 다녔다. 어린 시절, 이모는 길섶에서 자라는 클로버 꽃을 동그랗게 땋아서 내 머리에 꽃머리띠로 씌워주고 황토를 돌로 갈아서 분가루를 만들어서 내 얼굴에 발그스름하게 볼터치를 해주었다. 입술에는 황토로 만든 입술연지를 빨갛게 발랐고 숯으로 반달눈썹을 그려 예쁜 공주로 단장을 해주었다.

근데 이모와 나 사이에 아름다웠던 추억들이 지워지기도 전에 이모는 너무 일찍 저 세상으로 떠났다. 추억이 담긴 사진

한 장을 찍어두지 못함이 못내 아쉬움으로 남는다. 하지만 클로버무더기에 오밀조밀하게 피는 하얀 꽃은 이모와의 추억을 담은 사진으로 생각하고 싶다.

소녀시절, 길섶에서 네 잎 클로버 잎을 따서 책갈피에 끼워두곤 했다. 그 시절에는 네 잎 클로버가 귀했다. 소먹이 풀이 귀했던 시절이라서 풀이 조금만 자라도 베었기 때문이다. 어쩌다가 네 잎 클로버 잎 하나를 따면 친구들에게 자랑을 했고 책갈피에 반듯하게 끼워두었다가 친한 친구에게 선물로 주곤 했다. 지난여름에 친구가 네 잎 클로버 잎을 하트모양의 플라스틱 용기로 코팅을 해서 책갈피 속에 넣어 보내왔다. 그것이야말로 영원히 간직할 수 있는 추억의 잎이 아닐까.

책갈피에 곱게 끼워두었던 클로버 잎을 챙기고 있었는데, 외손녀가 자기 생일이라고 전화가 왔다. 생일선물로 어린이가 읽는 『여자라면 힐러리처럼』이라는 책을 한 권 샀다. 책갈피에 끼워 둔 다섯 잎 하나를 꺼내 첫 페이지의 갈피에 끼워 움직이지 못하게 테이프로 단단히 붙이고, '생일 축하한다.'와 사인을 해서 외손녀가 다니는 초등학교로 보냈다. 학교에서 책을 받아 본 외손녀는 좋아하는 마음을 전화로 전해왔다. 외손녀의 목소리를 듣고 이토록 작은 선물도 선물의 역할을 제대로 했구나 싶은 마음에 클로버 잎에서 큰 기쁨을 맛보았다.

찬 서리가 내리는 늦가을 무렵, 친손녀들을 데리고 클로버 무더기에 갔었다. 꽃은 이미 갈색으로 변해가고 잎만 소복했다. 만약 꽃이 생글생글 웃고 있었다면 그 꽃을 따서 쫑쫑 땋아서 손녀들의 머리에 꽃머리띠로 씌워주고 목걸이와 팔찌, 반지를 끼워 예쁜 공주로 만들어 주었을 것인데 못내 아쉬웠다. 하지만 손녀들은 클로버 꽃에 대한 동시를 즉석에서 지었다. '이슬비 내리는 봄날에 꽃구름 타고 내려와.' 라고.

천경자 화가의 미술전시회에 다녀왔다. 꽃과 여자의 그림이 내 눈길을 당겼다. 중기와 말기의 그림들은 대체로 꽃머리띠로 장식을 한 그림들이었다. 천경자 화가의 내면세계가 화려함과 동시에 여성으로서의 카리스마가 꽃머리띠에 진하게 담겨져 있음을 느꼈다. 화려한 색채는 삶의 희열을 강조하는 듯했고, 미묘한 감정은 회화적 아름다움으로 승화시키는 듯했다. 천경자 화가의 그림을 감상하고 난 후, 아버지와 이모, 그리고 나와 손녀들과의 사이에 클로버 꽃이 예술적 표현은 못되더라도 사랑과 애정의 표현이 된 것 같다는 생각을 하면서,

꽃머리띠를 살짝살짝 떠올려 볼 때가 있다. 클로버무더기에 쪼그려 앉은 내 몸, 노랑나비이다.

여름밤의 꿈

구렁지, 간결체다. 잎만 무성했던 아라홍련의 꽃봉오리가 산고를 겪는 첫날이었다.

박물관 뜰에 팽팽한 긴장감과 설렘이 가득했다고 했다. 애를 태우는 기다림 속에서 발아한 씨앗 3개가 연분홍 꽃잎을 피우는데 그 순간, 700년의 여명으로 성산산성이 환했다고 했다. 한 잎 한 잎 꽃잎이 피어날 때마다 연뿌리는 700번을 끙끙 앓았을 것이고 연잎 또한 산실의 문을 열려고 얼마나 애를 썼을까. 불과 몇 년 만에 무성한 잎 속에서 연꽃의 암·수 수술이 바람에 살랑 살랑거리자 씨방에는 씨앗이 야무지게 박히고 있었다.

연잎 배를 타고 줄기로 노를 저으며 700년 전으로 거슬러 올라갔다. 연못이 너무 길어서 조선에서 잠시 쉬었다가 고려로 갔다. 도착지가 성산산성이었다. 너무 오랫동안 방치된 연못에는 한 방울의 물도 없었다. 호미와 칼로 5미터 정도를 후비고 파자 씨앗 10개가 나와 잔잔한 흥분이 일어 숨이 멎을 뻔 했다. 연꽃이 만개했던 연못가에는 온가족이 모여서 투박한 불꽃무늬굽다리접시에 꽃잎을 띄우고 향기를 맡으며 즐거워했다. 연분홍빛으로 기품이 당당한 아라홍련의 그림을 내 가슴이 그렸다.

지인이 아라홍련에 대해 설명을 해 주었다. 깜짝 놀랐다. 700년 전의 연꽃 씨앗이 문화재 발굴 작업을 하던 중에 발굴이 되었다고 한다. 나는 떠올랐다. 시험관에 정자를 냉동시켜 놓았다가 필요할 때 언제라도 꺼내서 임신을 할 수 있는 불임인 사람들을, 하지만 구렁지에서 자란 연꽃의 씨앗이 무려 700년을 어떻게 견뎌 낼 수 있었는지 불가사의 한 사실에 어안이 벙벙했다. 그런데 연꽃 씨앗의 수명이 2000년이라는 말을 들은 적도 있다. 박물관에서는 아라가야의 이름을 따서 연꽃의 이름을 아라홍련으로 붙였다고 한다.

요즘은 연잎 밥 식당이 인기가 있다. 연잎의 향기가 은은하기 때문일까. 청정함 때문일까. 연잎 차도 즐겨 마신다. 백자에 연잎을 띄워 우려낸 연잎 차의 향기는 다른 차와 비교가 되지 않을 만큼 향기롭다.

후덥지근한 날씨에 연꽃들이 만개를 했다. 연잎은 추적추적 비가 내리는 날에는 더더욱 푸르다. 백련과 홍련이 어우러진 산책길을 걸으면서 짙푸른 연잎에 날름 앉은 청개구리와 연잎의 기울기에 따라 또르르 움직이는 물방울과 고추잠자리, 노랑나비들의 수다에 즐거웠다.

나는 연꽃 위에 떠 있는 연화정에 앉아서 찬란했던 천년고도 신라의 역사 속으로 숨어들었다. 그곳에도 풀벌레가 울고 코스모스와 접시꽃, 금잔화도 피었고 오리와 기러기들도 놀고 있었다. 검푸른 대나무 숲도 보였다. 보일 듯 말 듯 한 호수에는 은빛물결이 반짝였고 분황사는 연등에 불을 밝혔지만 황룡사지와 감은사지에는 달빛이 연등처럼 흐르고 있었다.

정자와 물레방아, 배롱나무 꽃길, 징검다리를 건노라면 실잠자리가 가시연꽃에서 사랑을 하느라 여념이 없다. 초록물결을 이루는 개구리밥 사이사이에 하얀 꽃으로 피었다가 다음날

저녁이면 분홍 꽃으로 다시 피는 빅토리아연꽃과 황련, 물양귀비, 함소연, 블링크 핑크카펜시스와 노랑어리연들로 다양하다. 왜가리와 청둥오리, 소금쟁이와 우렁이도 꽃구경을 나왔다. 홍완연은 줄기에 하얀 꽃을 피워 꽃 터널을 만드느라 야단법석이다. 수련구렁지에는 빨강과 노랑, 분홍과 보라들의 향연이다.

샛별이 반짝 반짝거리고 음악분수에서 음악이 흐르면 홍련과 백련 꽃송이는 등불을 켜고 수련은 호롱불을 켠다. 도라지꽃과 접시꽃, 강아지풀은 촛불을 켠다. 상림수련구렁지가 환하다. 산책길을 거니는 나도 반딧불이다.

동백꽃잎에 젖다

동백이 꽃잎을 살짝 내밀 준비를 하고 있었다. 물살이 출렁일 때마다 흑진주 몽돌은 차르르르 소리를 냈다. 해와 달의 소리이다. 학동을 여행지로 선택한 것은 한적한 바다에서 떠오르는 일출과 파도, 바람, 일몰이 내는 소리와 나뭇잎과 풀잎들이 부딪히는 소리를 듣고 싶어서였다.

불로초와 절경이 어우러지고 늙지 않고 오래 산다는 노자산의 산새는 계절에 상관없이 늘 아름답다. 눈에 띄지는 않지만 팔색조의 울음소리는 여덟 가지의 색깔만큼 청명하게 들린다. 아래는 해변이고 위쪽은 노자산이다. 흑진주 몽돌해변과 울창한 숲과 동백나무, 팔색조, 야생화들의 소리에 귀 기울이면 소리의 공간에 빠진다.

지심도의 동백 숲 터널에서 꽃잎에 주르륵 미끄러졌다. 동백꽃이 오솔길에서 다시 피었기 때문이다. 토종꽃잎이 얼마 만큼인지 상상을 해 봄직 하지 않은가. 여객선을 타고 들어간 지심도, 섬의 명칭이 정겨웠다. 원시적이라지만 그곳도 사람이 사는 곳인지라 민박집이 있었다. 동백나무도 토종이고 낚시도 토종 뜰채방식이었다. 낚시꾼들은 대나무 낚싯대에 그물을 달아서 낚시를 한다. 동백오솔길에 동백꽃이 피어오르면 학꽁치는 그물에서 피어오른다. 동백꽃이 통째로 툭툭 떨어지고 초옥만 사라지지 않았다면 바로 내가 원시인 일 게다. 떨어진 꽃잎을 이고 꽃잎을 밟으며 거닐던 나, 동백꽃 언니다.

박경리 선생의 기념관에 들렸다. 외벽에 붙어 있는 부속품들은 통영시의 섬들을 표현한 것이라 한다. 기념관에 들어서는데 야생화 꽃이 촘촘히 핀 바닥이어서 발을 내딛기가 매우 조심스러웠다. 신발에 밟힐 꽃은 아니지만 고귀한 꽃 같아서다. 박경리 선생이 집필하던 서재를 재현한 전시실에는 장롱과 누비저고리가 전시되어있었다.

나는 문득 어머니가 그리웠다. 아버지와 어머니가 결혼할 때의 혼수품인 장롱을 보는 듯 했다. 어머니의 오동나무 장롱에서 목련꽃이 수놓인 무명치마저고리와 내 색동옷이 어렴풋이 보였다.

동백나무를 화분에 옮겼다
황사를 타고 왔는지 시들시들해서 물을 주었더니
시끌시끌하다
지심도는 동백꽃 피는 이야기를 하고
어머니의 장롱은 오동나무 꽃 피웠던 이야기를 한다
봄, 꽃피는 소리로 시끌벅적하다

나비는 꽃에서 놀고 청색호랑나비들이 줄지어 날고 있는 미술관의 외벽에 우리의 전통색인 오방색을 좋아한다는 화백은 통영항의 풍경그리기를 즐긴다고 한다. 몇 년 전에 창원 도립미술관에서 화백의 특별전시회가 열렸다. 대부분이 통영의 항구 그림들이었다. 몇 호 작품인지 모르겠지만 대형작품이었다. 나는 대형작품에 시선이 멈췄다. 미술관에 통영항구를 옮겨놓은 것 같아서다. 그런데 미술관에서 화백의 그림을 감상할 수 있는 기회가 주어졌다. 추상미술의 선구자고 불리는 화백의 『새 만다라』 작품이 전시되어 있었다. 만다라 작품은 기존의 회화양식만을 채택하여 원의 형태가 아닌, 사각의 입체적 틀에 화백이 미감을 접목하여 조형화한 작품이었다.

만다라는 종교적 의례를 거행할 때나 명상을 할 때 사용하는 상징적 그림이지 않은가. 나는 추상미술에서 눈을 감아봤지만 떠올려지는 게 없어서 안타까웠다. 매화향기를 맡으며 달아 공원에 올랐다. 화산분출이라 할까. 건너편의 하늘과 바다가 노을빛에 타고 있었다. 노을빛의 온도는 몇 도일까. 사랑할 때 심장의 온도와 비슷하지 않을까. 노을빛에서 추억들이 스쳤다. 뮤지컬 캣츠의 삽입곡 메모리(memory)가 저절로 흥얼거려졌다. 노을이 넘어갈 무렵, 연꽃으로 피어났다는 연화도와 만나기로 기약을 하고 돌아왔는데 화분에 동백꽃잎이 흐드러지게 피었다. 지심도가 먼저 와 있었다.

겨울 여행

제법 쌀쌀한 초겨울의 초입이었다. 시모노세키의 히노야마 공원의 전망대에서 눈으로 시가지를 관람했다. 사무라이 마을로 번성하였고 신사가 많은 죠우성하 마을을 관람했다.

아베총리의 정치적 고향인 야마구찌에 도착하자, 마음이 찝찝했다. 일본에서 가장 오래된 선사양식을 갖추고 단풍의 명소로 유명한 절에서 아름다운 단풍 길을 거닐었지만 TV뉴스에서 쏟아지는 아베의 망언이 눈앞에서 아롱거렸다. 정원이 잘 정돈된 고가들이 눈길을 끌게 했지만 창문이 흰 커튼으로 가려져 있었다. 그 이유는 일본인들은 집안에서 일어나는 비밀이 밖에 알려질까 봐, 창문은 가리고 잘 가꾼 정원으로 신분을 과시한다고 한다.

오래전, 독일에 여행을 간 적이 있었다. 독일 사람들은 화려하지 않은 복장을 하고 다녔다. 나는 독일의 경제수준을 알고 있던 터라 궁금했는데 가이드가 독일 사람들의 생활을 설명해 줬다. 겉으로 보아서는 빈부를 알 수가 없다고 했다. 독일 사람의 경제수준을 알고 싶으면 집안을 보아야 된다고 하고 외모의 차림새로 부를 표현하지 않는다고 했다. 공작새처럼 자기를 과시하는 우리와 흰 커튼으로 창문을 가려 가정생활의 비밀을 지키는 일본 사람과 자기의 경제력을 밖으로 과시하지 않는 독일 사람의 생활이 다름을 야마구찌에서 느끼게 되었다.

일본의 도시공원 100선이자 걷고 싶은 길 500선에 드는 아름다운 공원이라고 자랑하는 동양최대의 선인장 식물원과 열대식물을 볼 수 있다는 도키와 공원을 관람했지만 보잘 것 없었다. 세계조각비엔날레에서 대상을 수상한 한국의 조각가 염상욱의 작품 감상에 작품이 이해가 되지는 않았지만 눈꺼풀이 열렸다. 우리말에 타지에서 고향 까마귀만 봐도 반갑다는 말이 딱 걸맞았다. 전망대에서 호수 건너편 우베시를 한 눈에 보았는데 한쪽은 호수이고 반대쪽은 바다로 어우러진 풍경이었다. 과연 볼만했다.

하지만 미니원숭이 동물원은 수리중이라서 울음소리만 들렸다. 어린 손녀들은 실망이 컸을 것이다. 온천 마을인 유모토에 도착한 우리는 일본 20선에 든다고 자랑하는 요리를 먹었지만 맛이 별로였다. 손녀들은 유가타 입기 체험을 했다. 맵시를 뽐내면서 사진을 찍고 기행문을 쓰고 토론도 했다. 다다미방에서 직원이 깔아주는 푹신한 이불은 대접받는 기분이었다.

아침에 낮선 이벤트가 열렸다. 노천온천에 원숭이가 습격을 했다. 호텔 측에서는 150년 만에 처음이라고 했다. 원숭이가 한 여행객의 어깨와 팔을 물어뜯었다. 해프닝이었다. 같이 있었던 한 여행객이 원숭이를 보고 바나나 줄 테니 참아달라고 두 손으로 빌었더니, 원숭이가 공격을 멈추더라고 했다. 알고 멈춘 것은 아니겠지만 원숭이도 겁먹지 않았을까. 원숭이에 겁먹은 우리는 노천탕에 나가지 못해서 못내 아쉬웠다. 우리가 사는 이곳도 멧돼지가 출현했다고 주민 센터에서 멘트를 내 보낸다. 공격적인 야생동물이 동네로 출현하는 것은 먹이를 찾기 위해서일 게다. '선비도 3일을 굶으면 남의 담을 넘지 않을 사람 없다.' 라고 하지 않은가.

감나무에 감이 많이 달려 있었다. 새들의 먹이로 둔다고 한다. 우리는 까치밥 하나만 달랑 두고 다 따지 않는가. 홍시와 도토리 한 톨, 소유로 가진 게 없지만 아차 싶었다. 일본 정치인들의 망언에 시끄러운 이때에 일본을 여행한다는 것이 마음이 편치 않았다. 아베는 공과금을 올리기 위해서 일본 국민들의 마음을 독도로 돌리려는 정치적 공세라고 한다. 정치는 정치판이다. 맛깔스럽지 않았다.

동양최대의 불가사의하고 대자연의 경관이 펼쳐진다는 아키요시 석회암 종유동굴에 들었다. 신기한 모양들이 많았다. 남해 다랑이 마을과 거의 흡사한 종유석에 눈길이 끌렸다. 구름이 가득 낀 하늘아래 설흘산과 응봉산 그 아래, 다랑이 논이 펼쳐져 있고 앞쪽에는 바다가 펼쳐져 있었다. 마늘냄새와 유채꽃의 향기는 없었고 며느리밥풀꽃에는 눈물이 굳어 있었다. 메뚜기와 나비, 고추잠자리, 논갈이를 하는 농부와 소는 보이지 않았지만 수놈바위와 암놈바위는 있었다. 하지만 손자를 얻은 나는 이제 수놈바위를 만질 필요가 없었다. 화석처럼 굳어진 다랑이 논이 볼거리로 충만했다.

석회암 덩어리가 꽃처럼 무리지어 있는 카르스트 지역은 오래전에 바다였다고 한다. 산호초가 굳어서 된 바위들이 여기저기에 무리지어 있었다. 아주 넓은 카르스트산에 핀 산호초 바위는 산호초 바다를 연상케 했다. 과연 절경이었다.

손녀들의 겨울 방학숙제는 여행이란 파노라마이다. 여행이란 낯선 곳에서 낯선 경험을 해야 가슴과 머리에 지식과 견문이 풍부해지면서 창의력이 생긴다고 설명을 하는 내가 마치 가이드 같았다.

다문화

버들강아지와 갈대숲에서 황소개구리가 숨어서 운다. 수초 사이에서 피라미와 거머리를 만난다. 다문화를 이루며 살아가는 그것들을 개울의 징검다리에서 눈여겨본다.

내가 살고 있는 이곳은 개울가 근처라서 아른 아침이면 황소개구리의 우렁찬 울음으로 깬다. 일명 알람이다. 첫새벽을 알렸던 첫닭울음소리와 새벽종 소리 대신 황소개구리가 아침을 알려주는 셈이다. 사람들은 별로 반갑지 않은 것 같다. 황소개구리를 잡아 없애야 된다고 뜰채로 개울을 뒤진다. 왜냐하면 개구리와 물뱀, 피라미와 미꾸라지 등등 작은 생물들을 잡아먹어 치우기 때문이다. 나도 너무 독차지 하려는 그 부분에는 불만이다. 텃밭에서도 너무 빠르게 자라는 외래종 풀은 뿌리 채 뽑아 버린다. 사실 외래종이라고 멸시를 하기도 한다. 그것들과 다문화를 이루며 살아가는 게 상부상조이지만.

주변에 다문화가족이 많아졌다. 단일민족이라고 우겨도 섞여 살아야 될 시대에 직면했다. 사람에게만 다문화가 있는 게 아니고 산과 개울, 늪, 강에도 이미 다문화를 이루었고 바다에도 어종들이 해수의 온도에 따라 옮겨 다닌다. 공중을 날아다니는 철새 또한 다문화가족일 게다.

화원에 들리면 토종과 외래종들이 오밀조밀 모여 꽃을 피운다. 외래종은 줄기와 잎이 크다. 꽃잎도 크고 화려하다. 토종은 줄기와 잎과 꽃잎이 작지만 앙증맞다. 나도 꽃잎이 크고 화려한 외래종에 먼저 눈길이 끌린다. 화원 주인도 화려한 꽃을 앞쪽에 둔다. 식물들은 오밀조밀 모여서 살아가는데 사람들만 왜 텃새를 부리는지 그 소갈머리를 알 수가 없다.

외국에서 우리 주변에서 서식하는 나무와 풀, 꽃, 새들을 만나면 반갑다. 까치와 노랗게 핀 민들레를 보면 우리의 토종인데 의아해 하면서, 그 먼 곳에서 나를 반겨주는 것 같아서 더욱더 반갑다. 외국인들도 자기 나라의 동식물을 만나면 오래전의 친구를 만난 것처럼 반가울 게다.

사람들은 외래종은 번식력이 강해서 온 산하를 빠르게 정복할 것이라고 미리부터 걱정을 한다. 외국인들도 우리의 동식물을 적대시할까. 아열대기후를 맞이해야 하는 우리의 산하에 아열대 동식물이 많아질 것이 틀림이 없는데, 지나치게 토종토종 할 필요가 없지 않은가.

중소기업이 많은 이곳의 터미널에 가면 내국인 보다 외국인이 많아 보인다. 피부색깔과 모양만 다를 뿐이지 말은 거의 알아듣고 잘 하기도 해서 별로 낯설지 않다. 그런데 선진국에서 왔거나 교육수준이 높으면 우대를 해 주고 학원에서 발급하는 가짜 학위를 취득해도 그냥 넘겨주는 수가 더러는 있다고 한다. 가끔 가짜 학위가 불거져 나오면 매우 안타깝다. 그런 것이 우리 사회의 큰 약점이다. 훗날에 재앙이 될 수도 모르지 않은가.

물론 우리라는 말이 단합으로 좋을 때도 있다. 하지만 너무 심한 것 같아서 개울에게 물어봤다. 섞여 사는 것이 어떠냐고 개울이 말했다. 다양한 문화와 예술, 교육과 체육 등등을 배우고 체험하기 때문에 우물 안 개구리가 아니라고 은근히 힘

주어 말했다. 나도 글로버시대에 맞추려고 우물에서 오대양 육대주로 팔딱 뛰는 중이다.

흑산도

여름휴가를 다도해로 잡았다. 그곳은 볼거리와 먹을거리가 많을 것이라는 마음에 기분이 들떴다. 유달산의 초입에 들어서려는데 목포의 눈물 노래가 흘러나왔다. 예나 지금이나 이순신 장군은 목포의 앞바다를 지키며 서 있고 기암괴석과 수령 150년이 넘는 팽나무는 여자의 아랫도리처럼 생겼다고 다산목이라는 두 가지의 이름으로 앉은 듯 선 듯 있었다. 내 시선 잠깐, 다산목에 머물렀다.

오래전, 유달산에 올랐을 때에는 다도해의 전경이 아름다운 순수 다도해였는데 지금은 바다 건너편의 곳곳에 공장이 보이고 다리도 보여서 눈이 짜증을 냈다. 눈도 마음처럼 욕심이 많은가 싶었다. 목포에서 민어회를 먹었지만 맛이 별로였다. 홍어를 먹을 것이라는 기대에 부풀어서 일게다. 우리는 흑산도와 홍도행 훼리호에 올랐다. 다도해의 푸른 물결을 가르며 달리는 훼리호가 예리항에 도착하자 검푸른 물결과 검푸른 숲은 흑산도의 얼굴이었다.

흑산도를 버스로 투어(tour)하는 도중에 다산 정약용의 둘째 형인 정약전의 유배공원에 눈길이 갔다. 정약전의 자산어보는 알고 있었지만 그의 유배지가 그 머나먼 섬 흑산도인 줄은 몰랐다. 초옥과 자산어보가 그의 영혼을 지키고 있었다. 유배중인 정약전은 근해에 있는 물고기와 해산물 등등 155종을 채집하여 명칭과 형태, 분포 등을 기록한 자산어보가 생물도감의 원조이지 않은가. 그리고 학자이자 의병장이기도 했던 면암 최익현 선생의 "기봉강산과 홍무일월"이라는 친필이 손바닥바위에 새겨져 있고 애국정신과 후학양성을 위한 유헌비도 그 먼 곳에 있었다.

역사의 인물과 자료를 박물관에 유물을 전시하는 것처럼 한 곳에 모아두면 누구라도 역사의 인식을 가질 수 있지 않을까. 행정기관이 관심을 좀 가져주었으면 하는 바램을 가져보았다.

역사관이 흐려져 가는 요즘, 그 먼 곳까지 가서 역사의 인물과 자료에 대해 자세히 알 수 있는 사람이 얼마나 되겠는가 싶어서 무척 아쉬웠다.

뜻밖의 사실을 알게 되었다. 고관대작뿐만이 아니라 서민들의 유배지이었고 백제의 3왕자와 고려 의종2년에서 조선까지 130여 명의 유배지였다고 한다. 제주와 거제, 진도 다음으로의 유배지인 그곳에는 섬 문화의 튼실한 뿌리로서 유배문화가 섬 주민들에게 끼친 영향이 크다고 할 수 있겠다 싶었다. 나는 역사공부를 제대로 하지 못한 탓인지 아니면 잊었는지 모르겠지만, 그 현장에서 역사의 인물에 대해 관심을 갖게 되었다.

흑산도에는 자연산만 있다. 그 중에 으뜸인 홍어가 흑산도의 섬 값을 했다. 고약한 냄새가 코를 찔렀지만 구미가 당겼다. 우린 홍어회를 먹으면서 내장에 시래기를 넣어 끓인 애지국을 먹었다. 그 애국을 먹어야 홍어를 통째로 먹는 거라고 식당주인이 홍어 맛처럼 톡 쏘는 말을 했지만 그 맛, 흑산도의 맛일 뿐이었다.

유람선으로 환상의 섬 홍도 33경의 일 주로에 올랐다. 흑산도 아가씨와 홍도야 울지 마라, 섬마을 선생님의 노래가 검푸른 바다를 저으며 가는데 기암괴석의 비경에 대해 안내원의 코믹한 호남사투리가 홍도처럼 붉었다.

흑산도와 홍도의 여행 맛은 발효가 잘된 홍어 맛이었다. 홍도의 선착장을 거니는 우리에게 낚시꾼이 낚은 씨알 큰 우럭이 다음을 기약하게 했다. 중국의 첫닭 울음소리가 들린다는 남서안의 끝자락 섬이자, 중국과 필리핀, 제주도를 가르는 좌표인 가거도도 저 멀리에 보인다. 야생화 향기를 품은 나도 환상 섬이었다.

나무도 변신을 한다

목재들이 바다에 떠 있다. 이유는 모르겠지만 크기를 봐서는 멀리서 들어 온 것 같다. 소나무 목재는 목공소에서 필요한 모양으로 깎이고 다듬어져서 우리 집 마루에까지 들어왔다. 친척집을 방문했는데 행복한 눈물의 서각이 벽에 걸려 눈물을 흘리고 있었다.

소나무 목재는 흙과 궁합이 맞다. 궁궐과 사찰, 한옥을 보면 기둥과 서까래는 목재이고 벽은 흙과 짚을 섞어서 차곡차곡 쌓고 벽은 부드러운 흙으로 바른다. 흙담집은 보온은 물론이고 소리가 밖으로 새지 않는 이점이 있다. 그뿐만이 아니다. 방안에 가득한 소나무 향과 흙냄새는 천연향수이다. 한지 방문으로 햇빛과 달빛, 별빛이 스며든다. 가끔 빗소리도 스며들고 눈이 오는 소리는 아주 작게 스며든다. 흙담집은 문풍지로 들어오는 바람과 소통을 한다.

한지 문에 구멍을 냈다
침을 발라서 냈다 문구멍으로 밖을 훔쳐봤다
장독 위에 널린 가을이 나를 끌어냈다
가을을 훔쳐 먹다가 들켜서
항아리 모서리와 눈언저리가 부딪쳤다
눈언저리가 한지 문, 구멍 같았다

금강솔잎으로 담근 술을 마신 적이 있다. 술 색깔은 황금색이었다. 술맛 또한 황금 맛이었다. 금강송은 문화재를 짓는데 쓴다고 한다. 술맛을 보면 금강송의 멋을 알만하다. 금강송의 멋은 나이테의 고운 결일 게다. 캐나다의 빙하지역으로 가는 길에 엄청나게 큰 밀림이 있다. 캐나다 국민들이 아무 직업이 없어도 90년은 살 수 있을 정도라고 한다. 나는 휴, 한숨이 났다. 그곳을 지나는데 곰이 크나큰 몽둥이를 내보였다. 내가 야생에서 사는 실물의 곰을 본다는 것은 큰 행운이다. 매너가 좋은 운전기사는 후진으로 곰을 좀 더 가까이에서 보여줬다.

600년 된 아프리카의 특수목은 어디에 쓰일까. 4천 5백만 년 전, 북부 캐나다의 땅속에 파묻혔다는 거대한 메타세콰이어 화석나무를 캔다면 어디에 쓰일까. 울창한 밀림은 물질적 가치도 커지만 싱그러움의 시너지 효과가 엄청나게 높다는 생각을 해본다.

태풍 매미가 마산을 강타했을 때 바다에 띄운 목재가 거대한 파도에 밀려 시가지를 덮었다. 온 시가지가 온통 물과 목재 범벅이었다. 아파트와 상가의 지하주차장으로 물이 들어가 지하주차장이 호수 같았다. 안타깝게도 인명 사고가 있었는데 결혼을 앞둔 남녀가 지하주차장으로 밀려든 목재에 의해 빠져나오지 못한 안타까운 일이 있었다. 사람들의 생활을 편리하고 예쁘게 꾸며주는 목재지만 한 순간 무기가 되다니 안타깝기 그지없었다.

미술관에 들리면 그림과 서예, 서각들이 전시된다. 그림과 서예는 화선지나 캔버스가 좋아야 작품이 돋보인다. 서각 역시, 나무의 결이 고와야 작품이 돋보인다. 메이크업을 한 여성이 예쁘게 보이듯이, 요즘은 피부 관리실이나 피부과 성형외과에 남성들이 많다. 그곳도 목공소나 다름없다. 목재도 목공소에서 각각의 모양으로 다듬어지듯이 비만인 내 몸도 다이어트를 하고 메이크업으로 변신을 한다면 목재가 목공소에서 다듬어져서 온돌마루가 된 것처럼 반질반질해질 것이다. 나무뿌리, 목공예의 아이콘이다.

무당벌레

출렁이는 햇살 속에서 무당벌레가 진딧물을 잡아먹고 있었다. 주린 배를 채웠는지 꼼짝하지 않는다. 한참을 눈여겨보다가 예쁜 등을 만져도 피하지 않았다.

호기심이 발동한 나는 진딧물과 무당벌레가 붙은 오이 잎을 따서 플라스틱 용기에 담아두고, 잠시 눈을 돌린 사이에 진딧물이 무당벌레의 먹이가 되고 말았다. 텃밭으로 갔다. 간밤에 지나간 소나기에 진딧물이 다 떨어지고 없어서 오이 잎과 고추 잎을 무당벌레의 먹이로 따다 주었다. 진딧물에게 무당벌레와 소나기는 천적이었다.

며칠 동안 무당벌레를 애완용으로 키우는 것이 참 재미있었다. 어쩐지 예쁘고 착해 보여 애칭을 알록이와 달록이로 지었다. 알록이와 달록이는 플라스틱 용기를 빙글빙글 돌면서 탈출구를 찾았지만 플라스틱 용기가 워낙 미끄러운 탓에 기어오르다가 떨어져 천장을 향해 벌렁 드러누운 모습은 탈출을 포기하는 듯 했고 마치 곡예사가 실수로 바닥에 떨어진 것 같아 보였다.

알록이와 달록이는 곰이 개미를 잡아먹듯이 진딧물을 날름날름 잡아먹는 것과 발정기일 때 사랑하는 것을 보는 재미도 있었지만 자유를 빼앗았다는 안쓰러운 마음에 텃밭에 놓아주기로 했다. 오이와 고추를 봄에서 가을까지 따 먹을 수 있게 진딧물을 마구 잡아먹어 달라는 부탁도 겸했다. 알록이와 달록이를 텃밭에서 키우자 초록과 주황, 노랑의 향연으로 볼거리와 먹을거리도 풍부했다.

인터넷에서 무당벌레를 검색했다. 무당벌레의 이름이 칠성무당벌레와 노랑무당벌레였다. 지독한 냄새와 독이 있다고 한다. 무당벌레는 화려한 색깔과 무늬를 가졌지만 냄새를 뿜어 적을 피한다고 한다. 사람도 사람에게 특별히 친절을 베풀거나 물질공세로 호감을 주는 사람들이 간혹 있다. 조직사회에서 자기의 편과 이익을 얻기 위해서이고 그 가치가 떨어지면 배신을 하는 경우를 종종 본다. 무당벌레도 화려한 색깔과 무늬로 진딧물을 먹이로 유혹하는 것이 아닐까 싶다.

벽과 벽 사이에 거미가 집을 지었다. 내가 젊었던 시절에 가족의 옷과 생활도구를 뜨개실로 뜨개질을 하듯 꽁무니에서 술술 풀려나오는 실크처럼 부드럽고 탱탱한 줄로 집을 지었다. 화려하지가 않아서 눈에 보일 듯 말 듯 한 집이다. 바람과 비, 눈에 낭창거리면서도 허물어지지 않는 집, 어디에 그런 집이 있던가. 거미에게는 건축공학적이면서 미학도 겸비했다고 할 수 있겠다. 파리와 모기가 거미줄에 걸리자 거미는 재빠른 몸짓으로 파리와 모기를 줄로 칭칭 감았다. 내장을 빨아먹은 거미는 사체를 버리지 않고 그대로 두었다가 또 다른 먹을거리를 유혹했다. 알록이와 달록이도 텃밭으로 내 보내지 않았다면 그 다음의 상황은 보지 않아도 그림이다.

아울렛에 갔다. 오픈기념으로 꼬마들에게 무당벌레와 잠자리, 나비, 달팽이와 거미를 얼굴과 손등에 그림으로 그려주는 코너가 있었다. 손녀는 곤충그림을 그려주는 예쁜 아가씨를 이모라고 부르면서 자기 얼굴에 무당벌레를 그려달라고 예쁜 아가씨 앞에 얼굴을 들이댔다. 참 신기했다. 2살짜리가 무당벌레를 어떻게 알았는지 손녀에게 '무당벌레를 어디서 봤니?' 라고 물었더니 '그림책에서 봤어.' 라고 했다. 손녀에게 진딧물을 잡아먹는 무당벌레를 직접 보여주어야 되겠다 싶은 마음에 텃밭으로 데리고 갔다. 무당벌레와 달팽이, 청개구리, 배추애벌레를 보여주면서 만지게 했다. 무당벌레가 진딧물을 잡아먹는 것을 보면서 진딧물이 무당벌레의 맘맘이라고 말해 주었더니, 손녀는 유심히 보면서 "이게 무당벌레의 맘맘이야." 라고 말을 귀엽게 했다. 텃밭이야말로 손녀와 나의 자연학습장이다.

나도 가정형편에 따라 여기저기로 이사를 다니면서 살아왔다. 가정경제가 좋을 때에는 평수가 큰 아파트에서 살았고 가정경제가 어려울 때에는 작은 아파트로 옮겨 다녀야했다. 무당벌레도 나처럼 진딧물이 많이 붙어있는 오이 잎과 고추 잎으로 옮겨 다녔고 고구마 잎과 호박잎에서는 간간이 볼 수 있었다. 나도 진딧물에게 천적이었다. 텃밭의 주인은 무당벌레였다.

벽화

하늘을 쳐다본다. 벽화 같다. 하늘에 떠 있는 구름은 여러 가지 모양이다. 설악산과 낙동강, 동해바다가 있는가하면 동물과 새, 나무, 풀잎 모양들도 떠 있다. 올해는 청색 말 구름이 씩씩하게 달린다. 먹구름은 심기가 우울할 때의 내 모습이다.

벽화를 흔히 볼 수 있다. 그 지방의 과거와 현재를 볼 수 있는 문화공간으로 자리매김한다. 지역에 따라서 문화와 예술, 특산물을 벽에 그림으로 그려서 지역을 되살리기도 한다. 특히, 재개발을 해야 될 처지에 놓인 통영의 동피랑이다. 언덕배기의 초라한 벽에 화가들이 그린 그림들은 통영의 과거와 현재를 볼 수 있다. 아주 소소하고 작은 것이라도 사라져가는 것을 재조명했다는 생각을 해 본다. 동양의 나폴리가 펼쳐져 있는 동피랑은 통영 아닌 토영이다.

천마총에서 발굴 된 자작나무껍질에 그려진 말다래에 하늘을 나는 흰 말은 벽화는 아니지만 신라시대를 보는 듯하다. 오래전, 경주 엑스포에서 왕릉의 벽화들을 사진으로 봤다. 사진 속의 그림은 색채감이 화려했다. 그 시대에 물감의 재료가 무엇이며 누가 그렸을까. 고구려 백화의 기마행렬과 수렵, 전쟁, 씨름의 그림이 있었다. 근현대화가들도 그 시대의 생활상을 그렸듯이 이 시대에서 사라져가는 짚불놀이와 모내기와 도리깨로 보리타작 하는 모습, 쟁기로 논밭 갈기와 밭매기, 논매기 등을 벽화로 그린다면 전통문화를 추억으로 되살리는 기회가 될 것으로 생각한다.

고령산 보광사 벽화는 다른 사찰에서 볼 수 없는 볼거리이다. 대웅전의 외벽나무에 벽화가 그려져 있고 대웅전 내부의 천정에 아름답게 그려진 그림은 초충도이다. 나무에 그려진 색채는 아름답기로 유명하다. 나는 신사임당의 초충도가 떠올랐다.

대산미술관이 있는 유등마을의 벽화는 마을을 닮은 그림들이다. 사라져가는 나루터와 버드나무를 되살린 벽화이다. 허물어져 가는 슬레이트 지붕 벽에는 물이 계곡에서 흘러내리는 풍경화와 수박밭의 원두막 그림이 한눈에 들어왔다. 낙동 강변에 흐드러지게 핀 복사꽃과 나루터에서 순교자가 체포된 유등나루터에는 나룻배와 노인이 아직도 떠 있다. 소나무에 학이 앉을까봐 두렵고 나무막대기에 앉은 고추잠자리, 겨울이 아닌 것 같다. 해바라기가 고흐의 실명이라면 수박밭의 원두막, 유등마을벽화의 실명이다.

내가 살았던 마산은 시의 도시로 지정되었지만 가곡 가고파의 바다에 돝섬이 떠있고 갈매기는 날갯짓한다. 사계절 내내 피는 국화꽃과 고향의 봄, 배경인 천주산의 진달래꽃이 벽화로 그려진다면 얼마나 좋을까 싶다. 하지만 가포 해수욕장은 마음속의 벽화일 뿐이다.

어머니가 쓰시던 장롱의 장식을 본다. 어머니의 영혼이 고장 난 문짝과 장식에 벽화로 붙어있다. 장롱 위에 무거운 물건을 올릴 수가 없다. 자궁에 고름주머니를 가득 찬 어머니, 힘겨워 할까봐.

민속촌

고향에 들렀다. 연꽃들이 내 마음을 알고 있는 듯하다. 고향은 현대식 건물도 있지만 제실들이 많다. 고향의 향기는 새로웠다. 홍수가 나면 물이 들어 한 해 농사를 망치던 논에 아라홍련이 그곳에서 필 것이라고 한다. 700년 전의 마을이 재현되면 나도 아라가야의 여인으로 되돌아 갈 수 있을까.

아이들은 놀이공원에서 비싼 요금을 지불하고 놀이기구를 탄다. 나는 어릴 적에 뒷동산에서 놀았다. 황토인형도 만들고 망개나무 이파리에 구멍을 뚫어 글자놀이도 했다. 그것이 나의 글자 익히기 원조이고 사금파리로 소꿉놀이도 한 것도 살림살이의 원조이다. 설날이면 널뛰기를 하고 추석이면 소나무에 매어놓은 그네를 탔다. 흙냄새와 풀냄새, 온갖 나무의 냄새를 맡고 자랐다. 그래서인지 아토피나 알레르기란 말은 전혀 몰랐다. 요즘은 힐링(Heailng)을 하기 위해서 자연 속으로 들어가는 사람을 간간이 볼 수 있다.

민속촌에서만 토종나무와 꽃, 곤충, 물고기들을 볼 수 있다. 산야에는 천지가 외래종이다. 물론 기후의 문제도 있겠지만 수입으로 들어오는 종류가 많다고 한다. 어느 생물학박사는 앞으로의 전쟁은 세균전쟁이라 했다. 이것저것 섞이다 보면 변종이 생기기 마련이고 미래 사회에는 식량도 모자라서 곤충을 키워서 식량으로 먹고 살아야 할 날이 머지않았다고 한다. 민속촌에서만 토종을 볼 수 있을지 염려가 된다.

중국의 최대 민속촌인 심천에는 중국의 명소를 모아놓은 '소인국 테마파크'를 베터리카를 타고 구석구석을 둘러보았다. 소수민족의 명승지가 미니어처로 축소되었다. 소수민족의 민속건축과 문화, 예술이 재현되었는가 하면 촌락에는 옛날의 길거리와 먹을거리의 풍경 등이 재현되어 있었다. 그리고 민속 공연장에는 소수민족의 민속춤이 천지창조로부터 현재의 중국까지의 역사적 사건들이 공연의 테마였다. 중국의 대서사

시이었다. 무용과 음악, 서커스, 마술, 승마 등이 퍼포먼스로 펼쳐져 환상적인 공연도 관람했다. 과연 중국은 대륙이었다. 중국의 상징은 붉은 색과 용이었다.

조상을 숭배하고 기리는 전통행사로 일 년에 한 번 묘사를 지낸다. 제실이 문중마다 있다. 대부분 봄이나 가을에 지낸다. 전국에서 모이는 대규모 행사이고 그 행사를 보면 그 집안의 내력과 자손의 번창함을 알 수 있다. 제실에서 삼배와 모시로 지은 제복의 차림으로 묘사를 모시는 풍습은 귀한 진풍경이다. 초가삼간과 당산나무, 은행나무, 까치집 그리고 탱자나무 가시 사이로 드나드는 참새가 내 마음의 민속촌이다.

모란꽃이 수놓인 모시 치마저고리를 입고 제사를 모시는 내 모습이 훗날, 후손들에게 어떻게 비추어질지 슬며시 폼을 잡아 본다.

청도에 가다

비파강이 흐르는 강가의 마을에 이영도와 이호우 시조시인은 오누이로 다정하게 있었다.

이영도·이호우 시조시인의 생가에서 시조와 시의 향기를 맛보고 싶었는데 생가의 대문이 굳게 잠겨있어서 담 너머로 밖에 볼 수 없었다. 생가의 건너편 도로가에는 옛날식 정미소가 도정을 하고 있었다. 담 너머로 오누이에게 정미소를 추억하는지 물어보고 싶었지만 대답이 없을 것 같아서 물어보지를 못했다. 이영도 시조시인을 사랑한 청마 유치환 시인의 연서 5천통을 채운 큰 우체통 하나, 눈에 띄지 않았다.

석빙고의 초입에 들어서는데 조선시대의 냉기가 몰려오는 듯했다. 그 육중한 바위를 어떻게 옮겼는지, 구조의 이음새가 어떻게 맞물렸는지 이해가 되지 않았다. 한옥은 나무와 나무끼리 끼워서 건축을 하지만 바위는 바위끼리 끼울 수도 없지 않는가. 바위끼리 맞물리는 공법인 것 같아 보였지만 금방이라도 떨어질 것 같아서 솔직히 약간의 두려움도 있었다. 현대 건축물에 공간예술이 첨가되는 것처럼 조선시대에도 활용의 편리함과 예술성을 감미 시킨 것으로 보아진다.

살아있는 화석으로 불리는 적천사에 은행나무와 감나무, 담장 밑에서 계절을 착각하고 돋아난 달래와 파란 풀이 어우러져 봄을 살짝 의심해보았지만 가을이었다. 은행나무의 수령이 무려 800년이라고 한다. 은행나무에 돋아 난 싹을 맹아라고 하고 노인의 젖가슴처럼 쭉 쳐져 달린 혹과 뭉뚝한 방망이처럼 생긴 것은 유주다. 유주는 나무의 젖가슴이다. 유주는 두꺼워진 고목의 수피 때문에 호흡이 불편해서 생긴 것이라 한다. 생존전략이겠지.

무성하던 은행나무 잎이 떨어지자, 헤아릴 수 없을 만큼의 은행열매가 조롱조롱 달려있는 모습은 마치 개나리꽃 봉우리인 듯하고 땅바닥에 흩어진 샛노란 잎은 개나리꽃 잎처럼 화사하다. 가을인데 봄의 초입 같았다. 적천사보다 오랫동안 버티어 온 은행나무의 은행은 아직도 탱글탱글하고 독한 구린내를 품고 있다. 그것은 은행나무가 건재하다는 것일 게다.

임당리 김씨 고택은 조선시대 내시 김일준이 말년에 낙향하여 건축한 고택이다. 400년 동안 16대에 이르기까지 이어온 고택이라고 한다. 내시 김일준의 위세 등등함이 안채에 스며있었으며 임금님에 대한 충절로 안채를 북쪽인 한양으로 향하도록 지었다고 했다. 넓은 집터에 지은 여러 집채들은 벼슬아치들의 위세를 알만 했다, 보온성과 방음, 통풍을 고려해 건축한 한옥의 우수성을 눈여겨볼 수도 있었다. 내시 김일준은 많은 식솔을 거느리고 그 고을을 지배했지만 지금은 시대의 뒷전에 밀려 현대인들에게 보여주는 고 건축물로 남아있다. 나는 내시 김일준 대신 내가 내시가 되어 문우들과 고택의 정원에서 임 향한 일편단심으로 북쪽을 쳐다보며 거닐었지만 한양이 저 멀리에 있어서 보이지 않았다.

산속에 배가 고즈넉이 앉았다는 전설은 대적사의 극락전기단에 새겨진 거북과 게 때문일 게다. 그리고 활짝 핀 연꽃이

기단에서 나를 반긴다. 유호연지 연 밭에 핀 연꽃을 따다 꽂아 놓은 듯 화려하다. 부도 앞에서 풍엄대사의 불공소리가 극락전의 극락 문을 여는 것 같았고 극락전 기단 앞에서 은행잎을 휘날리며 추억으로 남을 사진을 짤가닥 찍었다. 청도의 가을은 은행나무와 감나무, 사과나무에 걸려있다.

봄, 검진을 하다

매화꽃을 강타한 꽃샘바람이 개나리꽃도 강타할 모양이다. 나는 꽃샘바람이 불어 닥치기 전에 분갈이를 할 참이다.

화초가 화분에서 뿌리를 내린지 몇 년이 지났다. 뿌리를 뽑아서 병이 든 뿌리는 가위로 잘라내고 줄기는 가지치기를 했다. 무서운 황사가 몰려오기 전에 분갈이를 서둘렀다. 속병을 앓는 화초가 있는가 하면 제멋대로 자란 줄기는 철사로 감고 찢어진 잎 새는 성형수술을 하고 쪼글쪼글한 잎 새는 보톡스를 맞힌다.

나는 매년 건강검진을 받는다. 검진을 받지 않으면 마음이 불안하다. 귀찮지만 검진결과가 양호하면 일 년 동안은 걱정 없이 지낼 수 있다. CT로 검진을 받으면 안심을 하게 되지만 방사선이 더 위험하다는 것은 금방 잊어버린다. 호르몬의 언밸런스로 열이 화끈하게 달아오르는 얼굴은 건조해진 겨울나무껍질 같다. 병원치료를 받아보았지만 별 효과가 없었다. 그런데 치자열매를 달여 먹고 많이 좋아졌다. 지난해 진딧물로 말라가던 치자나무가 올해는 제법 열매가 튼실하다. 치자나무도 정원사에게 검진과 치료를 받은 모양이다.

소와 개, 돼지, 말도 수의사에게 검진을 받고 예방주사도 맞는다. 혈통의 번호를 갖는다. 사람으로 말하자면 출생신고와 더불어 족보에 올리는 것과 같다. 순수혈통끼리의 교미나 인공수정으로 혈통을 잇기도 한다. 도축을 할 때도 고기의 부위별로 분류를 하고 가격도 매겨진다. 나지막한 산을 보면 무덤가에 비석들이 많다. 비석의 종류와 새겨진 비문을 보면 그 집안의 혈통과 인품을 알 수 있다. 사람은 자기의 혈통에 누를 끼치지 않으려고 안간힘을 쓰고 혈통으로부터 유전자를 갖고 태어난다. 좋은 유전자가 있는가 하면 무서운 유전자도 있다. 그래서 무서운 병에 걸리면 병원 측에서는 가족의 병력에 대한 조사를 한다.

식물도 순수혈통을 찾기란 어렵다. 과일이 그렇다. 크기와 맛이 좋은 품질을 만들기 위해서이다. 사람들은 돈을 목적으로 유전자 변이 콩을 개발했다. 그 콩은 유전자 조작으로 벌레도 먹지 않고 발효도 되지 않는다고 하니까 황당한 일이 아닐 수 없다. 훗날, 사람들의 건강을 장담하지 못할 수도 있지 않은가.

내가 살고 있는 아파트 단지에는 사람보다 애완견이 더 많아 보인다. 아침에 산책을 나가면 애완견도 산책을 나온다. 애완견에게 예쁜 옷을 입히고 칼라염색으로 털을 요란하게 꾸며 데리고 다닌다. 애완견들은 예방주사를 맞았을까. 그 많은 애완견들이 괜스레 염려가 된다.

프랑스 파리의 도로와 골목에는 여러 종류의 개들이 많이 돌아다닌다. 늦은 오후 무렵이면 청소차가 도로청소를 한다. 도로와 골목에 돌아다니는 개에게 자유를 주는 건지. 이해가 되지 않았다. 저 개들은 유기견일까, 그리고 광견병 예방주사는 맞았을까 의심을 하게 된다. 별다른 외출이 없는 할머니들은 애완견을 품에 안고 동네 슈퍼에 간다. 노인들의 쓰라린 외로움일까. 아니면 애정의 표현일까.

정원에는 성형을 한 나무들은 예쁘다. 동물모양으로 다듬어진 나무는 초록동물을 보는 듯하고 물고기 모양의 나무도 본다. 나무는 봄과 가을에 검진을 받는다. 정원사는 나무의 건강상태를 살펴보면서 가지치기를 하고 부실한 나무는 링거를 꼽아준다. 치료를 받은 나무는 가을에 튼실한 열매를 맺고 잎도 윤기가 반질반질하다. 봄, 산수유꽃잎과 거닐고 싶다.

가천 다랑이 마을

보라색 유채꽃이 돌연변이일까. 산 삿갓을 쓴 계단식 논에는 파랑과 노랑, 보라색이 파도처럼 일렁이고 벽과 슬레이트 지붕에 핀 꽃잎들이 아지랑이처럼 아롱거린다.

다랑이 마을은 산 삿갓 두 개를 쓰고 있는 형상이다. 하나는 설흘산이고 또 하나는 응봉산이다. 나는 설흘산과 응봉산의 옆구리에 서서 손바닥에 침을 모아 탁 쳤다. 침이 설흘산 쪽으로 튀었다. 그래서 설흘산으로 먼저 오르는데 그때 마침 일출에 봉수대는 불을 밝힌 듯 붉었고 저 멀리, 남해금산과 욕지도, 서포 김만중의 유배지인 노도도 붉었다. 설흘산에는 엘러지와 용담, 원추리들이 군락을 이루었지만 춘란이 보이지 않아서 섭

섭했는데 바위사이에서 산나리가 꽃잎을 살짝 내밀어줬다.

반대쪽의 응봉산은 바다에 뜬 것 같고 바위들은 섬 같기도 했다. 하늘 삿갓을 쓴 나는 바다와 산이 어우러진 비경을 보면서 발길을 살짝 돌리는데 이름은 알 수 없지만 펑퍼짐하게 나를 속 빼닮은 바위에 발목을 붙잡혔다. 응봉산은 양떼구름과 꽃, 나무와 새소리들 보다 바위와 돌이 더 많았다. 산 중턱에서 바라본 저 멀리에 점점이 떠다니는 배들과 구름다리, 다랑이 논에서 일렁이는 보리와 마늘, 유채꽃에 눈이 시렸다.

시골 할매 막걸리 집에서 부터 얼굴이 붉어진 우리는 논두렁 탐방로를 걸었다. 써레질 체험에 바쁜 암소와 풍광에 취한 외국인 부부가 우리를 쳐다보면서 싱긋 웃었다. 나도 노랑머리 부부를 향해 손을 흔들며 싱긋 웃어보였다. 노랑머리 부부와 보라색 유채꽃을 머리에 꽂은 우리는 유채 꽃밭이 되었다.

바다와 산, 섬과 마을이 어우러진 다랑이 논에 관광객들은 감탄사가 절로 나오지만 옛날에는 죽이나 밥 한 그릇과 바꿀 정도로 작다고 하여 국배미나 밥배미라고 했고 여인의 눈초리가 가늘다하여 반달배비라고 했다지만 지금은 다랑이 논의 유채꽃들로 임산부의 배만큼 배가 부른 마을이다.

산기슭을 깎아 만든 108개의 계단식 논들을 보면 그 옛날, 지게에 흙짐을 가득 진 남자의 피멍든 등판과 머리카락이 듬성듬성한 여인들의 힘겨운 모습이 눈앞에 선했다. 하지만 민초들의 고단한 삶이 예술로 승화되어 예술가들이 많이 찾는다. 억겁의 세월에도 희망이 있어서 지금은 담쟁이와 호박넝쿨이 돌담을 넘나들며 어울린다. 푸른 바다와 달팽이, 참게, 가재, 개구리들이 함께 살아가는 시원한 개울물, 그리고 바다로 내려다보는 구름다리가 다랑이 마을을 한층 더 돋보이게 한다. 밥무덤에는 아직도 고개를 들지 못하는 며느리밥풀꽃이 붉은 눈물을 머금고 있다.

한국의 아름다운 거리가 있는가 하면 암수바위가 있어서인지 다랑이 마을에는 자손이 많이 태어났다고 어르신이 은근히 자랑을 했다. 나도 손자 하나 얻고 싶은 욕심에 수바위의 남근을 쓰다듬고 쓰다듬었다. 설흘산과 응봉산 그 아래, 풀꽃과 메뚜기, 고추잠자리와 참새소리는 다랑이 마을의 초충도이다. 우리는 마늘이파리로 피리를 불고 설앵초와 쑥부쟁이, 자운영, 허브들과 어울렸다. 보라와 노랑을 정수리에 꽂고 바닷물에 발을 담그는데 이윽고 다랑이 마을, 바다의 샷갓이 되었다.

2부

악양루

- 처녀뱃사공 -

전국에서 강둑길이가 최장이고 최다인 악양은 남강과 낙동강이 만나는 지점이다. 기암절벽에 작은 누각하나 초록 속에 담겨져 있다.

기암절벽이 중국의 절경인 악양을 닮아서 부쳐진 이름이라고 한다. 다리를 지나 아늑한 곳에 초가 두 채와 나룻배 하나, 그 옆에 처녀뱃사공이 오빠를 기다리는 표정으로 노래비를 기대고 섰다.

50년 전, 유랑극단장인 가수 윤항기씨와 윤복희씨의 부친인 윤부길님이 함안에서 공연을 마치고 나룻배를 타고 강을 건너다가 그곳의 사정을 듣고 노랫말로 썼다고 한다. 그 당시, 나룻배의 뱃사공은 자매였다. 나루터의 뱃사공이었던 오빠가 6.25 때 군에 입대한 후로 소식이 끊기자 두 여동생이 생계를 잇기 위해 교대로 나룻배로 손님을 건네주었다 하여 애처로운 모습으로 오빠를 기다리는 자매에 대한 노랫말이다. 애절한 사연의 노랫말이 나루터 근처에 기념비로 세워져 그 시대의 아픔을 대변해주고 있다.

그곳의 풍광은 무척 아름답다. 반대쪽에서 바라보아도 아름다운 곳이다. 꽃 터널과 풍차, 바람개비, 풀꽃군락지, 그리고 보릿짚과 밀짚 타는 냄새가 그 옛날의 풍경과 향기를 더듬게 해준다. 경비행기는 나룻배처럼 천천히 비행을 한다. 양귀비 꽃으로 물들여 진 긴 강둑길과 둔치에 노을빛도 한 몫을 더해준다.

여름방학 때 강 건너편, 대산면에 사시는 큰고모님 댁에 가면서 나룻배로 강을 건넌 적이 있다. 가을 소풍을 간 적도 있었다. 술래잡기놀이를 하다가 미끄러져서 깊은 강물에 빠질 뻔 했다. 그때의 충격으로 강물과 늪, 웅덩이를 지나면 눈을 감고 지났다. 탈것이 귀했던 시절에 나룻배라도 타 본 것이 내 기억 속에 향수로 남아 있는 것일까. 아님 미끄러졌을 때 붙잡았던 억새가 고마워서인가, 도통 내 마음을 알 수가 없다.

그 무렵, 나룻배의 뱃사공이 남자 뱃사공이었는지 처녀 뱃사공인지, 기억을 더듬어도 도무지 생각이 나지 않는다. 아마도 처녀 뱃사공이었을 것이다. 나루터의 배경에 여학생이었던 나도 끼여 있을 수도 있겠지. 지금도 유유히 흐르는 강물의 나루터에서 만큼은 여학생이다. 나루터 위의 긴 다리가 잔뜩 멋을 부리고 있지만 기억 속의 나루터를 상상해 본다.

소녀시절에 도시와 시골을 연결시켜 준 증기기관차는 나의 나룻배였다.

미로

내비게이션의 멘트에 따라 가는 길도 쉽지는 않다. 남해대교를 지나 국도에 들어서는데 무성한 벚꽃나무 이파리가 국도를 싱그럽게 했다.

서상여객선터미널에서 여수세계엑스포는 건너편이었다. 크루즈에서 보이는 여수는 기대에 찼다. 행사장에 들어서자 여객선터미널과 KTX역이 행사장 입구에 있어서 매우 편리해 보였고 행사기간 중에는 시내버스가 공짜였다. 인기가 절정인 아쿠아룸관 앞에서 줄서기란 여간 힘든 게 아니었다. 아쿠아룸관에서 통로를 잃어버린 나는 미로 찾기가 시작되었다. 사실 안내원에게 창피했다.

각각의 관을 찾아서 관람을 하기란 꽤나 힘이 들었다. 한여름철이라 갑자기 소나기가 쏟아져서 우산을 구입했다. 여우비였다. 그래서 우산을 식당에 맡겼는데 그 식당을 깜박 잊어버린 게 화근이었다. 여러 곳을 헤맸지만 찾기란 무척 힘이 들었다. 복잡한 곳에서는 길과 장소를 염두에 두지 않는다면 빤한 곳에서도 미로 찾기처럼 어렵게 된다는 것을 새삼 깨달았다. 여수엑스포에서 각각의 관마다 찾는 길은 미로였다.

관람을 마치고 향일암 쪽의 숙소를 찾아갔다. 낮 시간에는 미항 여수의 풍광을 즐기면서 갈 수 있는 길이지만 밤인지라 꼬불꼬불하고 멀게 느껴졌다. 하지만 고행 끝에 낙이 온다는 말이 있지 않은가. 다음 날 아침, 향일암에서 바라보는 일출과 저 넓은 바다에 점점이 떠 있는 배들이 어우러져 대자연의 풍광에 감회가 새로웠다. 욕심이 발동한 나는 일출과 대웅전, 돌거북이에게 연신 손을 모았다. 싱그러운 풍광을 즐기면서 돌아오는 길은 갈 때와는 사뭇 달랐다.

폴란드에 여행을 갔을 때의 일이다. 잠깐 사이에 동행자들을 잃어버렸다. 난감했다. 이곳저곳을 헤맸지만 만나지를 못했다. 낯선 곳에서 미로 찾기에 들었다. 불안한 마음으로 버스에서 내렸던 곳에 찾아갔다. 다행히도 버스와 운전기사가 그 자리에 있었다. 복잡한 그곳에서 나는 벙어리였다. 그때의 내 모습을 상상하면 아찔하다.

여수터미널에서 돌아가는 바닷길은 동백 숲과 어우러져 더 더욱 푸르게 보였다. 바라보이는 남해도 푸르게 푸르렀다. 푸른 남해의 유혹을 벗어 날 수가 없어서 드라이브를 하게 되었다. 푸른 남해를 보는 마음도 푸르렀다. 삶도 미로다. 처음 찾아가는 길은 어리둥절해서 망설이기도 하지만 다시 가는 길은 한결 여유가 있다. 그럴 땐 미소가 슬며시 지어진다.

미조항구에는 멸치배가 막 들어와 싱싱한 멸치들이 여기저기에 쌓여있었다. 멸치 떼들도 길을 찾다가 잘못 들어서 잡혔지 싶다. 바다에도 길이 있어서 배도 뱃길을 따라 운행되고 어종에 물살에 따라 노는 장소가 다르다. 멸치 떼들이 미조항구 근처에 몰려들지 말고 다른 길을 선택했다면 미조항구는 비었을지 모를 일이다. 바다에도 미로가 있지 않을까. 애매하다.

남해에서 숙박을 하려했지만 휴가철이라 방이 없었다. 캄캄한 밤중에 길을 찾아가기란 여간 힘들지 않았다. 새로운 도로가 생겨서 어느 도로를 선택해야 될지 망설이지기 때문이다.

자칫 잘못 들면 헤매게 된다. 다행히도 창선대교가 보여서 그 길을 선택했다. 화려한 야경의 창선대교는 여행을 마치고 돌아가면서 겨우 찾은 마지막 길이었다.

덕수궁을 거닐며

서울에 눈이 온다는 일기예보에 맞춰서 손녀들과 함께 현대미술관 덕수궁미술전시관에 한국근현대회화 100선 『명화를 만나다』를 관람하러 들렸다. 보슬보슬 내리는 눈을 맞으며 미술관에 들어서는데 내가 좋아하는 길례언니가 우리 가족을 반겼다.

전시관에는 화실과 남향집, 친구의 초상, 가족도의 그림들은 근대적 표현을 구현한 작품들이었다. 한국근현대미술은 고유한 전통문화를 바탕으로 급변하는 사회를 그린 작품들이었고 그 당시, 미술가들에게 미술이란 유채와 수채의 기법과 양식이 다른 조형방식이었다.

그림을 감상하는 방식과 전시회를 비롯한 활동과 감상자들이 전에는 접하지 못했지만 1920년대부터 일본과 프랑스, 독일등지에서 유학한 화가들이 귀국하여 국내에서 미술을 공부한 화가들의 증가로 화단이 형성 되었다고 한다. 그로부터 유화로 시작하여 조각과 공예와 같은 장르의 구분이 생기고 화가와 미술가라는 새로운 직업이 탄생되었다고 한다. 표현주의와 추상미술, 전위미술 등이 시도되면서 자신의 내면세계를 다루려는 경향이 등장하고 독창적인 그림을 그리려는 노력들이 나타났다고 큐레이트가 설명을 했다.

나는 그 시대의 그림들은 본인과 가장 가까운 곳에서 소재를 찾았다고 본다. 그 당시, 우리나라에는 별다른 소재가 없었을 것이다. 삼천리가 금수강산이라지만 민둥산이라서 풍경화를 표현하기는 별로였을 것이고 들판도 지금처럼 곡식이나 잡초들이 풍성하지 않았기 때문에 주변에 산적해 있는 소재들이 단순했을 것이다. 그림으로 표현할 수 있는 소재가 풍부한 이 시대에는 오히려 그 시대를 그리워하는지 인기가 만연하다.

화가 이중섭의 『소』와 박고석의 『가족』, 이수근의 『빨래터』, 김환기의 『산월』이 전시되어 있었다. 전쟁의 여파로 화가들은 시각매체에 동원되거나 저항으로 그림을 그만 두었다고 한다. 시간이 지나면서 광복과 식민지잔재의 청산, 좌우이념의 대립과 전쟁과 냉전 등의 격동기를 경험하면서 사실주의 양식에서 벗어나 억눌렸던 개인의 내면을 성찰하고 표출하려는 창작 작품이 일조를 했던 것 같아보였다.

피난 생활 중에서도 전시회가 지속되어 미술전람회가 개최되면서 모던아트협회와 현대미술가협회, 창작미술가협회, 신조형과 백양회가 설립 되었고 추상과 구상을 함께 그리는 양상을 보였다고 한다. 나는 아쉬움을 갖고 있다. 일본과 우리의 갈등 중에서 가장 으뜸인 위안부 문제에 대해서이다.

만약 그 당시, 화가들이 위안부에 대한 그림을 많이 그렸더라면 증거물이 되어 일본 정치인들의 코를 납작하게 해줄 것인데, 일본 정치인들이 망언을 하면 고작 몇 장의 사진을 보여주는데 증거물이 부족한 것 같아서 매우 아쉽다.

전통과 계승의 변화는 수묵채색화의 시대였다. 향원정과 외금강삼선암추색, 아악의 리듬과 내가 좋아하는 천경자 화가의 작품들이 전시되었다. 광복 후, 일본색의 탈피와 모더니즘의 수용은 수묵채색화들에게 중요한 과제였다고 할까. 수묵채색

화가들은 입체파Cubism, 앵포르멜과 추상표현주의와 같은 서양의 현대미술을 융합하였고 반 전통적인 조형이념과 기존의 보수적인 체제에 도전하려하는 의지에서 추상미술을 적극적으로 수용하였다고 한다.

하지만 추상미술의 전개에는 무제와 가로수, 경사 날, 푸른 나선이 전시되었다. 추상미술은 미술가들의 독자적인 개념과 자유로운 표현을 기반으로 미술과의 의식과 사상을 기법과 표현의 흔적과 재료의 물질감과 조화시켜 자유롭게 표출할 수 있는 표현 양식으로 보아졌다. 화가의 추상작품이 어떤 의도인지 설명하기는 어렵지만 나 스스로에게 상상할 수 있는 여지를 주는 것 같았다. 시인의 시를 독자들이 나름대로 상상하면서 감상하는 것처럼 잠시, 추상화에 젖어보았다.

덕수궁 궁내에서 조선시대의 향기에 취하려 하는데 앙상한 나뭇가지들만 우리 가족을 지켜보는 것 같아서 을씨년스러웠다. 손녀들에게 고궁에 대해서 설명을 해주려는데 나 보다 더 잘 알고 있었다. 그것은 역사책을 읽었기 때문이다. 역사의 왜곡으로 혼란스러운 이 시기에 어린 아이들이 정확한 역사를 알기 위해서 역사학자들은 이념과 자기 작대를 버리고 정확한 역사를 알리는 게 중요하다는 것을 알았으면 좋겠다 싶은 마음이 간절했다.

이번 전시회에서의 그림들이 손녀들의 가슴에 스며들었으면 좋겠다는 바램을 가져본다. 손녀들과 명화를 감상하고 덕수궁을 거닐던 모습을 어느 화가가 그림으로 그려 전시회에 출품할지 모를 일이 아닌가. 기대를 해 보고 싶다. 그림은 소재가 특별해야 그려지는 것이 아니지 않은가.

누가 소를 모르며 빨래터와 가족, 길례언니를 모르겠나. 보슬보슬 내리는 눈과 명화가 어우러진, 흐뭇한 하루였다.

야생화

아침이슬을 머금은 야생화들과 눈을 마주한다. 초록 융단을 깔아 놓은 듯한, 내몽고의 끝없이 펼쳐진 초원에는 다양한 색깔의 야생화들이 소담스럽게 피었다. 초원을 달리는 말들과 사진을 찍으며 어울렸다. 향기는 가슴에 담았다.

몽고는 야생화와 말, 관광객들과 어울려 공생관계를 이루는 곳이었다. 그 순간 어린 시절이 파노라마처럼 스쳐갔다. 산과 들에 소먹이로 갔을 때의 모습이다. 으르렁거리는 황소의 소고삐는 나무에 묶고 풀꽃은 단발머리에 꽂았다. 영어단어를 외우며 풀밭에 법석 누워 파란하늘에 미래의 모습을 드로잉 했다. 파란 하늘은 꿈에 부푼 내 가슴에 무지개를 드로잉 했을까.

몽고의 노을은 참으로 아름다웠다. 별빛도 유난히 초롱초롱하다. 노을이 살짝 넘어 갈 무렵에 우린 초원에서 서로서로 손잡고 술래놀이를 하며 동심의 시절로 돌아갈 때 말들은 우리가 반가운지 펄떡펄떡 뛰면서 초원을 누볐다. 평화스러운 그곳에서 한 회원이 가수 양희은이 부른 한계령을 노을이 붉게 물든 초원에서 부를 때 마치 한계령인 양 착각에 빠졌다. 아름다운 초원에서 풀의 향기를 가슴에 품은 나는 이방인이 아니었다.

백두산에 올라가는 길목에는 미인솔이라 불리는 소나무가 밀림을 이룬 것을 볼 수 있었다. 여자로 말하면 팔등신 미인에 속한다. 중간쯤에는 하얀색을 띤 야생화들이 띄엄띄엄 피어 있고 위쪽으로는 눈이 덮여 봄과 가을, 겨울이 함께 공존하는 명산이었고 하얀 눈을 닮은 야생화는 앙증스럽기 그지없다. 가까이서 쳐다볼 수만 있을 뿐 너무 귀하게 핀 꽃이라서 만져 볼 수조차도 없었다. 그 앙증스럽게 핀 야생화를 가슴에 가득 담고 돌아왔는데 하필이면 몇 년 후에 백두산이 다시 화산이 폭발을 할 것이라고 TV에서 방송하는 것을 보고 깜짝 놀랐다. 앙증스럽게 핀 야생화와 늘씬늘씬하게 뻗어 밀림을 이룬 미인솔이 걱정스러웠다.

거실의 벽에 걸린 액자에도 동강할미꽃과 개망초, 다양한 꽃이 피어있다. 색채가 너무 예뻐서 실제의 야생화와 꼭 같다. 산에 핀 할미꽃은 꼬부랑한데 액자에 핀 할미꽃은 허리가 빳빳한 동강할미꽃이다. 어느 화백이 선물로 그려 보내준 그림이다. 나는 동강할미꽃을 처음 보았다. 화백은 어디서 보고 그렸을까 궁금할 때가 가끔 있다. 야생화 그림은 계절을 가리지 않고 집안에서 감상할 수가 있어서 그림으로 그려 준 화백에게 감사하게 생각한다. 섬세한 붓놀림으로 그려진 동강할미꽃과 나는 동고동락 중이다.

아파트 창가에서 햇살을 받으며 함초롬히 핀 야생화와 서양난들이 형형색색의 꽃으로 집안의 분위기를 환하게 해 준다. 화분이 살짝 마르면 물을 주는 관심과 사랑을 주어서인지 꽃잎이 쉬 마르거나 잘 떨어지지를 않는다. 식물도 사랑을 받으면 수명이 연장이 되나 싶다. 며칠 동안 집을 비우면 창가에 핀 꽃들이 걱정이 된다. 혹시 내가 없는 사이에 꽃잎이 떨어지면 어쩌나 싶어진다. 꽃들도 내 마음을 알고 있는지 내가 여행에서 돌아올 때마다 기다린 듯 나를 반긴다.

갤러리에서 그림을 감상한다. 야생화에 눈길이 이유는 어릴 때부터 길거리와 산, 들판과 학교의 등굣길에서 많이 보았기에 친근감으로 눈에 먼저 들어오지 않을까.

야생화 군락지에서 풀을 뜯는 황소, 나의 등피였다.

열하에서 연암 박지원을 만나다

기온은 푹푹 찌는 40도였다. 체감 온도는 기온보다 늘씬 높았다. 열하로 가는 길에 보이는 것은 민둥산이다. 불과 30년 전, 우리의 민둥산이 연상됐다.

열하에 도착하자 열하강은 크지 않았다. 예전에는 아주 작은 개울 정도였고 온천수도 흘렀다고 한다. 현재는 강의 면모를 갖춘 큰 강이었다. 열하의 강은 부자가 되길 꿈꾸는 사람들이 손을 씻은 곳이라 한다. 연암 박지원도 조국의 백성들이 잘 살도록 손을 씻었겠지. 나도 손을 씻어야겠다는 생각은 들었지만 씻지는 못했다.

열하지역에는 옥수수 밭으로 이루어진 그야말로 옥수수초원이다. 나는 호기심과 관찰력이 부족해서인지 눈에 들어오는 게 별로 없었다. 그런데 연암 박지원은 기와조각과 돌멩이 분뇨까지도 보았고 그 밖에 아주 작고 세세한 것까지 일기로 기록을 했으니 과연 놀랍지 않을 수가 없다. 그러나 눈에 들어오는 것은 옥수수 밭과 민둥산, 오염된 강물, 청결하지 못한 화장실과 신도시로 이루어져가는 건축물이었다.

조망권이 천혜의 요새이고 궁궐동산으로 이루어진 승덕(열하) 피서산장은 호수와 정자, 사냥터로 이루어진 자연의 경치를 인공적으로 꾸민 공원이다. 건물 사이로 휘감는 바람이 서늘하여 피서하기 좋은 승덕 이궁이라는 별칭이 있다. 4월에서 9월까지 6개월 동안 정무집행을 하는 제 2의 정치 중심지였다만. 그 당시, 그 무더운 여름날 베이징에 살았던 백성들은 어디로 피서를 떠났을까. 기록은 보지 못했다. 중국당국에서 연암 박지원이 중국에 미친 영향을 큰 바윗돌에 새겼지만 일행들은 연암 박지원의 성씨 (박)자가 틀렸다고 했다. 그것은 우리 당국에서 바로 잡아야 한다고들 했을 때 씁쓸한 마음 그지없었다.

문예지에서 조선 후기 문체반정책에 관해 글을 청탁 받은 적이 있다. 박지원의 연암체(폐사소문체)를 정조는 문체가 정치의 현실과 깊은 관계가 있기 때문에 세도(世道)를 반영한 정치의 득실을 생각하여 문체에 크게 신경을 썼다고 한다. 연암 일파의 문체를 못마땅하게 여기고 문풍을 바로 잡는 문화정책으로 문체반정책을 쓴 이유에 대해 쓴 적이 있다, 지금 이 시대에도 문자가 조금씩 바뀐다. 예를 들면 문자를 줄이고 소리나는 대로 쓰는 문자이다. 그래서 글을 쓸 때 새로운 철자법에 헷갈릴 때가 간혹 있다.

허생전은 박지원의 소설 중에서 대표작이다. 보수파들이 이를 저지하려 하였으나 문단에서는 선풍적인 인기를 끌며 읽히자, 정조는 폐사소문체에 염려해 박지원에게 순정고문체를 지어 올리라고 했다고 한다.

하지만 민중들의 의식이 바뀌면서 정통고문에 구애받지 않는 소설식의 표현을 읽을 수 있었다고 한다. 현실의 생동하는 모습을 묘사한 허생전은 요즘, 통신언어의 발달로 인터넷에서 주류를 이루는 유행어와 비슷하지 싶다. 만약 박지원이 소설식의 표현으로 쓰지 않았다면 어려운 한자를 모르는 평민들의 의식을 깨우지 못했을 것이다.

그래서 언어학자들도 유행하는 시대적 언어를 고려해야 한다. 문학을 전공한 기성문인들도 문학애호가들이 주로 생산하는 카페글이라 불리는 인터넷문학을 언문문학(言文文學)으로 소홀히 생각하지 말고 적극 동참하여 현세문화의 올곧은 흐름을 주도 하여야 한다고 썼다.

모든 것이 재빠르게 유행하는 요즘, 우리의 언어뿐만이 아니고 세계 공통언어인 영어도 유행어가 생겨난다. 그래서 시대적 언어를 저해 할 필요가 없다고 쓰기도 했다. 만약 연암 박지원이 소설을 순정고문체로 썼다면 문학이 평민들에게 빠르게 파고들지를 못해서 평민들의 정서생활이 풍부하지 못했을 것이며 문학의 발전이 더디었을 것으로 본다. 젊은 사람들은 문자와 언어를 줄여서 사용한다. 그렇다고 해서 기성세대가 그런 문자와 언어를 알아듣지 못하거나 사용을 못하는 것이 아니다.

예나 지금이나 소설은 재미가 있어야 읽혀진다. 비가 오는 날이면 아버지와 나는 고전소설 장화홍련전, 허생전, 춘향전, 흥부전, 심청전, 콩쥐팥쥐를 읽으면서 나쁜 사람이라고 꾸짖고 비평도 했다, 그때는 몰랐지만 요즘, 연암 박지원에 대한 책을 읽다보니까, 그 시대의 소설인 것을 알게 되었다. 『나는 연암을 읽는다』는 책에서 묘비명에 대한 시를 감명 깊게 감상했다. 누님을 떠나보내는 심정을 표현한 작품에 머리가 숙연해진다. '옛말에 부모가 세상을 떠나면 하늘이 보이고 형제가 떠나면 하늘이 보이지 않는다.' 라는 말이 있지 않은가. 연암 박지원도 이 작품을 쓸 때 누님의 애틋한 사랑을 그리워하면서 썼지 싶다.

내몽고는 초입부터 나무가 울창한 밀림을 이루었다. 해발 15000m의 그 높은 지역에 야생화들이 군락을 이루며 앙증맞게 피었다. 게르에서의 하룻밤, 야생화 향기와 동침을 했다.

은행나무 가로수를 걷다

은행잎은 가을을 샛노랗게 물들이고 메타세콰이어 나뭇잎은 가을을 빨갛게 물들인다. 나는 가을이 다가오면 은행잎과 네 잎 클로버를 생각한다. 그 잎들은 책갈피에 넣어서 지나간 날들을 추억할 수 있기 때문이다.

서가에서 오래된 책의 책갈피를 넘기는데 은행잎이 빳빳하게 꽂혀 있었다. 반가웠다. 나는 은행잎과 대화를 했다. 추억이란 머나먼 추억과 가까운 추억이 있다. 먼 추억은 화석처럼 굳어서 대화하기가 힘이 들고 가까운 추억은 선명하지만 싱거웠다.

어머니는 중이염을 앓았던 나를 데리고 마산국립결핵병원에 데리고 갔다. 그 병원에는 결핵 환자뿐만이 아니고 일반 환자들도 많았고 소쿠리에 신생아들이 담겨 있었다. 어머니와 나는 순서를 기다리는 동안에 병원 옆의 은행나무에서 떨어진 은행잎을 주워서 주머니에 넣고 썰물일 때의 바다를 길처럼 걸어왔던 추억이 가고파의 바다에 굳어있다.

그로부터 수십 년이 지난 후에 나는 그 병원 가까운 곳으로 이사를 갔다. 어머니와 잠깐의 추억이 깃든 곳이다. 가포 앞바다가 보이는가 하면 산책길 또한 낭만을 즐길 수 있는 비포장 길이었다. 그때의 은행나무도 그 자리에 있었다. 나는 그냥 지나칠 수가 없었다. 샛노란 은행잎을 골라서 김소월의 진달래꽃 시집의 갈피에 끼웠다. 그 후, 몇 년 동안 깜빡 잊었는데 어느 날 이사를 하기 위해서 정리를 하는데 은행잎이 눈에 띄었다. 김소월의 『진달래꽃』 시집은 오래된 은행나무를 기억하게 했다.

어머니는 나를 데리고
국립결핵요양원에 가는 길이었다
앞서가는 갈매기의 발자국과 소라게의 발자국에

검정고무신이 갯벌을 밀며갔다
고래처럼 떠있는 돝섬은 무학산의 절경을 포옹하고
고목이 된 벚꽃나무는
고열과 가래기침을 토해내던
나를 기억했다
진료기록부에 쓰인 희미한 병명은
화석으로 굳어있었다
그때, 나의 백악기였다

– 당그레에 꽃이 피다.「국립결핵요양원」전문

도시의 은행나무 가로수는 사람들에게 눈총을 받는다. 은행 열매가 떨어지면 격한 냄새가 코를 찌르기 때문에 가로수로서의 대접을 받지 못한다고 한다. 그렇지만 호수가의 은행나무 가로수는 인기가 절정이다. 가을날 오후 무렵에 샛노란 은행나무 가로수가 호수에 투영이 되고 샛노란 잎이 떨어져 물결 위에 떠다니면 그 운치, 말할 나위가 없다.

지난가을 운문사의 은행잎에 반했다. 소복소복하게 쌓인 샛노란 은행잎이 운문사 가을의 운치를 만끽하게 했다. 정반대의 색깔이지만 한겨울에 소복하게 내린 눈 같았다. 눈사람을 오랫동안 두고 보려면 냉동고에 두면 된다는 것을 손녀로부터 알게 되었다. 은행잎도 책갈피와 냉동고에 보관하면 오랫동안 두고 볼 것 같다 그것 또한 이 시대의 걸맞은 방법이 아닐까. 추억은 다소 떨어지더라도.

내가 은행나무를 좋아하는 이유는 잎에서 반짝이는 빛의 확산과 은은하고 정적인 고요가 흐르기 때문이다.

나는 가고파의 물결에 투영된, 어머니와 다시 걷고 싶다.

서울 투어(tour)

가을 소리를 따라 나섰다. 화려하고 복잡한 서울시가지가 내려다보이는 남산타워의 엘리베이터는 25초의 기적이었다.

망원경으로 안개 낀 서울 시내의 전경을 둘러보았다. 간편하고 소리 없는 스마트폰이 서울시내의 전경을 찍는데 한 몫을 했다. 잎 새에 물이 들듯 말 듯한, 남산의 풍경 속에서 우리 가족의 나들이 멋은 화려한 옷차림과 가방이 아닌 특유의 경상도 사투리이었다. 인형샵에서 조잘대며 사진을 찍는 모습은 피로에 지친 관광객들의 눈을 반짝이게 한 것 같아 보였다.

경복궁에 들어서는데 어린이 민속박물관이 우리를 반겼다.

할아버지와 손녀들은 재기차기와 팽이치기, 굴렁쇠 돌리기 등 등을 체험하고 박물관에 전시된 전시품들을 관람했지만 나는 어릴 때 많이 보았던 물건들이라 휴게실에서 휴식을 취하기로 했다. 손녀들은 민속품을 통해 현대와 머나먼 과거를 생각해 볼까를 생각하면서 기다리는 것도 나의 멋이었다.

경복궁에서는 조선시대의 향기가 코를 찔렀다. 그 시대의 사람들은 사라졌지만 정원을 지키는 아름드리의 고목과 건축물 등에 눈길이 끌렸다. 나라의 큰 경사가 있을 때 연회를 베푸는 경회루에서 연회행사를 재현하고 있어서 매우 뜻 깊었다. 그림책과 드라마에서만 보았던 연회행사와 고궁박물관에 전시 된 물품에 관심을 보이는 모습이 조선의 후예임에 틀림이 없다.

해가 서산으로 기울 무렵, 우리 가족은 인사동 거리에 들었다. 인사동 거리는 인산인해로 손녀들의 눈이 휘둥그레졌다. 나는 그림전시회와 공연, 골동품과 각종 전시회에 관심이 있었지만 손녀들은 미니필통과 예쁜 쥬얼리를 사고 싶어 했다. 낯설고 유난스러운 제스츄어로 판매하는 터키의 아이스크림도 사 먹고 싶어 했다. 하지만 나는 마산의 백화점에 가면 좋은 물건 많은데 왜 여기서 저가 상품들을 살라고 하느냐 하면서 사지 못하게 말렸다. 그런데 지나고 보니 내가 잘못 한 것 같다. 분위기라는 것이 있는데 그 분위기에 취하지 못한 나는 촌티를 벗지 못했음을 알게 되었다.

이른 아침부터 손녀들은 청계천에 가고 싶어 했다. 마라톤 선수들의 사이사이로 청계천에 도착했다. 빌딩 숲 사이의 한 복판 개울에 치어와 잉어들이 몰려다니는 것이 신기했다고 할까. 우리 집 주변에 있는 자연친화적인 개울에 비하면 너무 말끔해서 서울 사람들의 정서함양에는 크게 도움을 줄 것 같지 않아 보였다. 우린 그곳의 벤치에 앉아서 빵과 우유, 모닝커피로 그곳의 분위기에 맞는 아침 식사를 했다. 까치와 비둘기들도 합세를 했다.

국립중앙박물관은 오래전, 내가 관람한 박물관이 아니었다. 눈부신 신축건물은 볼거리이었고 군데군데 문화생활을 즐기기 위해 나온 가족들이 많았다. 정말 부럽고 후회스러웠다. 아들과 딸을 데리고 문화생활을 즐기지 못했던 우리는 손녀들을 통해 대리만족하는 중이었다. 그리고 문화생활의 기회를 준 손녀들이 고맙다.

손녀들의 눈은 쓰레기통으로 향했다. 쓰레기통에서 음식쓰레기를 꺼내 먹는 거지들을 발견하고 놀라워했다. 서울에 많다는 말은 들었지만 처음으로 보았기에 더더욱 신기했다. 나도 오랜만에 서울 풍경 속에서 또 다른 풍경을 보았다고 할까. 1박 2일의 짧은 여행이었지만 손녀들의 귀와 눈이 조금 열렸을 것이다. 손녀들은 서울 여행에 대한 기행문을 쓸 것으로 믿는다. 다음 기회에는 한강 건너편과 종로의 사과나무에 사과가 열렸는지를 챙겨봐야겠다는 생각을 서울에 남겨두었다.

고려청자의 영혼

가느린 코스모스 사이로 허수아비 의병들이 버티고 섰다. 해안도로에는 원두막과 솟대들로 섰고 푸조나무 아래에는 강강술래와 씨름, 보리타작 하는 한복차림의 허수아비 모습은 나의 옛 모습을 보는 듯 감회가 새로웠다.

강진은 산과 바다, 들판은 푸름으로 물든 아름다운 수채화였다. 청자 촌도 비취색 그 자체였다. 박물관과 고려청자의 가마터에서 고려의 향기가 솔솔 난다고 할까. 박물관에 전시된 고려청자는 문양이 다양했다. 9세기에서 14세기까지 오백 년 동안 가마터에서 어떤 성형과정을 거쳤는지 그리고 생산량이 얼마인지와 어디로 판매가 되었는지가 궁금했다. 특히 어느 나라와 무역을 했는지가 궁금했다. 미니어처로 전시된 청자 운반선도 신기로웠고 청자와의 만남도 의외였다. 그곳에서 무명치마저고리와 수건을 둘러쓰고 가마에 불을 지피면 푸른 빛깔을 좋아하는 나도 고려인으로 보여 질까 싶었다.

경남 진례에는 분청자기가 유명하다. 클레이아크의 외벽은 도자로 만들어진 슬림형이고 색상이 아주 특별한 원색건축물로서 세계 최초의 건축물이라고 자랑한다. 이해할 수 없는 창의적인 작품들이 전시될 때가 많다. 요즘은 한옥건축물을 전시 중이다. 현대건축물과 한옥건축물에 들어가는 재료들을 비교할 수 있고 세계 여러 나라의 건축물과 재료에 대한 역사를 알 수 있어서 눈으로 세계건축의 역사를 알 수 있는 계기가 되기도 한다.

어디로 가든 근사한 건축물로 눈이 시리다. 나는 옛날 토담집을 현대건축에 접목을 시킨다면 어떨까 생각을 해 보지만 밑그림이 그려지지 않는다. 그래서 몇 년 전, 클레이아크에서 아프리카의 사원을 아프리카 사람들이 직접 흙으로 사원을 짓는 퍼포먼스를 본 적이 있다. 몽골의 게르와 아프리카의 소똥집과 베트남의 수상가옥도 퍼포먼스를 할 수 있을지 기대를 해 본다. 그리고 먼 미래에 해양도시와 우주도시가 건설된다면 해양도시와 우주도시의 건축물에 사용 될 건축자재가 전시될 수 있을까 라는 엉뚱한 생각도 해 봤다.

전에는 분청도자에 대해서 알지를 못했다. 분청도자의 산실인 이웃 동네에 살다보니 자주 접하게 되었고 가마에 불을 지필 때에는 초대를 받기도 한다. 정갈한 사람을 초대한다고 한다. 나는 이해를 할 수가 있었다. 선조들은 임산부가 애기를 출산하면 금줄을 쳐서 아무나 드나들지 못하게 한 것처럼 예술의 경지에 도달한 도예가도 가마에 불을 지피는 그 순간부터 임신과 분만의 의미로 두는 것 같았다.

도예가는 아주 작은 흠집만 있어도 무조건 깨어버린다. 그것이 그들의 영혼일 것이다. 완성된 작품은 잘 키워낸 자식으로 생각하는 것 같다. 나는 안타깝지만 달라는 말을 차마 할 수가 없었다. 예술이란 그런 것이다. 아무리 오래된 예술품이라도 숫자가 많으면 희소가치가 떨어지기 때문일 게다.

어린 시절에 나는 가야토기를 소꿉놀이의 도구로 삼았다. 동산에 파헤쳐진 구덩이에 토기 조각들이 있었다. 그것을 어른들은 재떨이로 사용하고 아이들은 소꿉놀이를 했다. 창원박물대

학에서 문화재에 대한 공부를 하면서 가야토기에 대해 관심을 갖게 되었는데 사학자들 앞에서 죄인이 된 듯했다. 가야토기를 소중한 문화재인 줄을 모르고 함부로 사용했기 때문이다.

동네사람들은 옛날 그릇이라고 말했다. 그것은 매장유물로서 수량이 많아서 희소가치로서는 부족한 탓도 있다. 그 후로부터 그림과 조각, 도자기전시장을 찾아다니는 취미를 갖게 되었다.

장독간

몇 년 전부터 간장을 담기 시작했다. 실패할까봐 걱정이 되었다. 하지만 설명서대로 했더니 어렵지 않으면서 맛이 있었다. 그 이후부터 매년 간장을 담는 습관이 들었다.

올해는 며느리가 출산을 하기 때문에 다른 해 보다 두 배로 담았다. 양이 넘칠 듯 말 듯하다. 그뿐만이 아니다. 짜디짠 된장에 메주가루를 섞고 콩과 보리쌀을 삶아 섞어서 간이 맞는 된장을 만들기도 하고 청국장을 만들어 먹기도 한다. 멀지 않아 간장 담그는 달인이 될지도 모를 일이다.

아침이면 장독 위에 사기그릇에 물이 고여 있었다. 이슬이었다. 그 이슬, 어디에 효능이 있었을까. 어른들에게 물어보면 금방 알겠지만 마음에 두기로 했다. 요즘말로 과학적으로 증명되지 않기 때문이다. 어른들은 간장을 담글 때 좋은 날에 담그고 붉은 고추와 숯을 넣었던 것처럼 나도 고추와 숯을 넣고 담근다. 전통적으로 담가야 마음이 놓일 것 같아서다.

장독간은 아름답다. 감나무 아래 탱자나무는 봄에는 하얀 꽃이 피고 가을에는 노란 탱자가 달린다. 거미가 일가를 이루고 나팔꽃은 보라색 꽃을 피운다. 해바라기 아래에는 접시꽃과 맨드라미꽃이 피고 담장 위에는 채송화가 꽃을 촘촘히 피웠다. 봉숭아꽃으로 손톱에 물을 들이기도 했다. 겨울이면 장독의 모양에 따라 쌓이는 눈 위에 까치들의 발자국이 앙증스러웠다. 우물에서 두레박 소리가 들리며 처마 끝에서 갓 깐 참새새끼가 짹짹거렸다. 정겹고 고풍스럽던 장독간은 아파트 베란다 장독간과는 비교할 수 없는 예쁜 공간이었다.

신혼생활 때 고모님이 아주 못생긴 장독을 하나 주셨다. 물을 담아 쓰라고 주셨다. 그 시절에는 붉은 고무통을 쓰던 시절이었다. 그때는 몰랐지만 지금 생각해보면 장독 속의 물은 숨을 쉬지만 고무통은 화학제품으로 제작되어 온갖 나쁜 물질들이 나온다는 걸 알고 주셨을 것일까. 이사를 다니면서 버리고는 고모님께 비밀로 했다. 고모님이 서운해 할 것이라는 생각은 못하고 야단맞을까 봐서이었다.

요양병원에 들린 적이 있다. 노인들의 장독처럼 모여 산다. 노인들의 가슴과 머릿속에는 알뜰살뜰 살림살이했던 시절로 가득 차있다. 그 중에 장독간에 대한 이야기가 가장 많다. 한 노인은 가족이 자주 찾지 오지 않는 서운한 마음을 드러냈다. 아침에 일어나면 제일 먼저 장독간에 가서 정화수를 떠 놓고 가족의 건강과 안녕을 빌었다면서 슬픈 눈물을 흘렸다. 안개꽃처럼 피었다가 안개꽃처럼 사라져가는 기억들…….

요양병원에서 돌아온 나는 간장과 된장에 핀 곰팡이 꽃부터 챙겼다.

골목에 피는 꽃

벽을 타고 오르는 담쟁이와 탱자나무 사이에 골목이 있다. 그 골목에서 이른 아침에는 '재첩국 사이소.'와 밤중에 '찹쌀떡 사이소.'의 소리, 추억으로 떠올릴 수 있다.

골목하면 부산 보수동에 헌책방 골목이 있다. 그 골목에서는 책의 연대와 종류를 논할 수 있다. 내가 가끔 들리는 곳이다. 그 골목은 상업적 가치보다 문화적 가치가 큰 장점이다. 헌책방 골목은 디지털이 아닌 아날로그이다. 인테리어가 잘된 서가에 꽂힌 책보다 벽과 기둥에 기댄 헌책들이 긴 세월을 되돌려주려고 쌓여있어서 한결 정겹다. 사람으로 말하자면 선조들이다. 문화와 예술, 지식과 견문의 집합체 문화공간이다. 그곳에 가면 옛 친구를 만나는 것 같아서 정겹다.

브론즈 동상이 된 고 가수 김광석이 골목에서 김광석이 기타를 치고 있다. 골목의 벽화에서 그의 삶과 음악이 예술의 혼으로 다시 태어났기에 그를 추억할 수 있다. 아직도 살아있는 느낌이 들만큼 달콤한 목소리가 골목에서 흐른다. 골목이란 지나간 것에 대한 향수를 느끼면서 휴식의 여유를 갖게 해준다.

오동동 통술집에서 흘러나오는 오동동 타령의 오동추야 노래가 멎은 지, 꽤 오래되었는데 창동예술촌의 벽화에 다시 태어났다. 단팥죽의 복희집이 있는가 하면 연극인 정진업과 시인 김춘수, 천상병, 이선관의 문학 혼과 세계적인 조각가 문신의 예술혼 흔적이 담겨진 골목이다. 조두남의 음악관은 건너편 옥상 아귀덕장 골목에 있다. 버튼을 꾹 누르면 선구자가 흘러나온다. 헝가리의 다뉴브강가에서 시인 김춘수의 『부다페스트의 소녀의 죽음』 시는 다뉴브강가에서 떨어진 소련제 폭탄을 연상하지만, 김춘추 시인의 『꽃』은 골목에서 감미로운 사랑의 시가 아닐까. 대형조형물은 오동동 통술집의 애환을 노래하고파 한다. 오동추야 달이 밝아 오동동이야 오동동 타령의 골목을 기억하는 나와 같다.

통영의 초정거리는 통영 근대문학의 산실이다. 시조시인 김상옥의 거리와 유치환의 거리가 있다. 중앙 우체국 옆에는 붉은 우체통이 있다. 행복과 향수의 시비가 있는가 하면 김춘추의 꽃 시비가 눈길을 멈추게 한다. 문화와 예술을 느낄 수 있는 골목이고 통영이 낳은 문학인들의 혼이 깃든 골목이다. 나는 엉뚱하고 주제가 넘지만 통영 아닌 토영에서 태어났더라면 싶은 마음에 초정거리가 부러웠다.

프랑스의 유명한 골목 몽마르트로 언덕으로 가는 골목을 잊을 수가 없다. 그 골목은 그림들로 가득하다. 유명 화가들의 그림들을 볼 수 있는 예술의 골목이다. 물론 짝퉁이긴 하지만, 초상화 화가들은 즉석에서 초상화를 그려주기도 한다. 몽마르트로 언덕에서는 백발의 노부부가 키스를 하는 것도 예술일 게다. 나는 몽마르트로 언덕에서 홍옥 사과의 신맛을 그렸다.

오래전, 안동 하회마을에 다녀왔다. 돌담골목에 고풍스러운 한옥과 초가로 어우러져 전통가옥의 미를 느낄 수 있었다. 안동 삼베가 유명하다. 천년을 이어온 역사를 전통마을에서 손끝으로 만져보았다. 어릴 적, 나는 숙모님께서 누에를 치고 삼베를 짜면서 구성지게 부르는 베틀가를 들었다. 그 소리가 이해가 되지는 않았지만 신세타령으로 느꼈다. 박이 주렁주렁 열리고 붉게 물든 담쟁이가 담을 타고, 그 옆에 국화꽃이 피고 사립문이 닫힌 민초들의 초가 골목과 양반들의 버젓한 한옥, 두 골목이 다르다는 것을 눈치 챘다.

신분의 마을에서 탈이 없을 수는 없겠다 싶었다. 굽이쳐 흐르는 낙동강도 한 몫을 했다. 카니발 가면의 축제가 세계적으로 유명한 이탈리아 베네치아에서 전시장에 전시 된 화려한 가면을 보고 놀랐다. 가면이란 신분을 감추는 놀이다. 한국의 탈춤 역시 마찬가지다. 골목의 돌과 돌 사이에 피는 앙증맞은 풀꽃은 신분을 탓하지 않는 모양이다. 골목을 걷는 나는 아날로그이다.

장날

버스 창문에 성에가 끼어 창밖이 흐릿하다. 눈이 쌓인 풍경을 보면서 가는 먼 길이 싫지만은 않다. 금산 인삼시장에 갔다. 구정에 선물도 할 겸이었다. 전염병인 볼거리로 볼이 뚱뚱 부은 손녀를 두고 갈 마음이었지만 새벽에 일어나서 따라가겠다고 나섰다. 장날 구경과 버스를 타고 싶어서인지 따라다니는 습관이어서인지.

인삼이 수북수북 쌓여있었다. 짙은 향기 속에서 인삼은 사람 인(人) 글자 그대로 사람을 빼 닮았다. 터무니없는 말이긴 하지만 자판에 놓인 인삼들을 미스 선발대에 비유를 해 봤다. 진·선·미에 해당 될 만한 상품보다 정·숙·현에 해당 될 상품을 구입하기로 했다. 약간의 흠집이 있지만 값이 아주 싼 상품에도 눈과 마음이 멈췄다.

전통시장이란 만물상이다. 초등학교 다닐 때 학교를 파하면 아버지를 따라 장터국밥집에서 국밥을 먹고 십리사탕을 입에 물고 집으로 돌아간 시절을 추억할 수 있는 기회가 되었다. 그땐 장날을 기다리는 것이 유일한 재미였다. 국밥 중의 국밥 맛은 가을날 추수 시즌 때이다. 김치국밥에 싱싱한 갈치를 넣고 끓여 아침에 먹는 갈치국밥과 저녁에 먹는 라면국밥은 최고의 국밥 맛이었다. 맛을 잃어버린 지금은 그 맛은 추억일 뿐이다.

요즘은 남편이 그 머나먼 제주도에서 낚시를 해온 최고의 브랜드인 제주갈치를 넣고 국밥을 끓여 먹지만 예전의 가을추수 때의 맛보다 덜하다. 귀할 때와 흔할 때의 맛이 다른 것일까. 젊은 사람들에게 가을추수 때의 갈치 김치국밥에 대한 추억을 말하면 그저 웃는다. 현대식 음식에 밀려 인기를 잃어가기 때문일 게다.

내가 사는 신도시에도 오일장이 선다. 시장의 규모가 작아서인지 재미가 덜하다. 전통제품과 품바놀이, 꽃시장, 그리고 동물시장이 없다. 정겨운 뻥튀기도 없다. 풍경이 없다고 할까. 다행히 떡볶이와 오뎅은 인기가 이어지고 있지만 다른 먹을거리는 햄버거에 밀리고 있다.

통풍이 잘 되어 소통이 잘 될 듯한, 모시와 삼베, 감미로운 목소리와 부드러운 감성을 실크에 비교를 해본다. TV를 켜면 소통과 감성의 말이 자주 나온다. 삼베와 모시처럼 바람이 잘 통하는 전통시장과 실크처럼 부드러운 감성의 백화점이 가까이에서 서로 마주한다면 소비자들은 추억을 즐기고 편리함도 만끽할 수 있으리라는 생각을 해본다. 전통시장의 국밥 맛이 따끈따끈하다면 백화점과 마트의 포장 된 음식 맛은 미지근하다.

홍삼대리점의 주인은 손녀들이 귀엽다고 인삼 과자를 많이 주었다. 좋아하는 모습이 내가 장날에 아버지를 따라가서 국밥과 십리사탕을 먹었던 것과 같아서 추억을 더듬어 보는 시간이었다. 손녀들도 훗날 할아버지, 할머니와 새벽버스를 타고 간 인삼시장을 추억하겠지. 시간에 쫓기어 따끈따끈한 국밥을 먹지 못해 아쉬웠다. 필요한 제품들을 구입하고 돌아오는 버스 창밖은 갈 때와는 사뭇 달랐다. 시냇가의 살얼음과 다랑이 논, 눈 속에서 나무줄기와 잎이 살짝 내미는 산과 들판의 풍경은 산수화이다.

우리는 매화와 산수유 꽃을 창문에 입김으로 피웠다.

손녀의 해외나들이

산수유가 입술을 살짝 열 무렵, 우린 타이 비행기에 올랐다. 손녀의 해외 첫나들이이었다. 춘계방학이라서 학생들과 골프투어 여행객들이 기내를 채웠다.

영어체험도 할 겸 방콕에 도착했는데 한국의 날씨와는 불과 4시간 차이지만 기온 차는 확 달랐다. 호텔의 풀장에서 여독을 풀고 다음날, 휴양지의 보물인 파타야에서 해양스포츠를 즐겼다. 사실은 같은 아시아권이라서인지 이국적인 느낌이 들지 않았다. 손녀는 해양스포츠와 점프가 즐거워서 시간 가는 줄 몰라 했지만 바다를 접하고 생활해온 우린 새로움을 별로 느끼지 못했다. 그렇지만 손녀를 위해서 즐거운 척 했다. 낭만적인 파타야를 뒤로 하고 야시장에 도착했다. 야시장에서 경제적 차이를 느낄 수 있었다. 우린 슬리퍼만 샀다.

왕궁에는 짧은 옷은 금지되고 긴 치마를 입어야 되는데 나는 설마하고 준비하지 못했다. 치마를 현장에서 샀다. 태국에서는 죽은 왕도 살아있는 신으로 생각한다는 말을 들은 적은 있었지만 사실인 것 같았다. 금빛 왕국이었다. 우린 화려한 금빛에 아주 신기했다. 금세공에도 놀랐다. 우리의 궁전과는 사뭇 달랐다.

수상시장이 우리를 낯설게 했다. 보트를 타고 장사를 하는 모습이었다. 작은 보트들이 촘촘히 모였는데 충돌사고가 나지 않을까 싶었는데 안전하다고 한다. 도로의 러시아워를 방불케 했다. 그곳에서 손녀는 그들의 생활과 문화가 우리와 다르다는 것을 체험했을 것이다.

코끼리와 호랑이, 악어가 쇼를 하는 동물원에서 새로운 것을 접하게 되었다. 악어 쇼에서는 우리의 k-pop노래가 울려 퍼졌다. 가슴이 뭉클했다. 사람과 악어와의 쇼, 아슬아슬했다. 악어가 사람에게 얼마나 힘든 훈련을 받았는지에 대해 손녀는 생각했을까. 근데, 호랑이 쇼에서는 감동을 받았는지 호랑이와 쇼를 한 아가씨에게 손녀는 1달러로 답례를 했다. 아가씨는 어린 아이가 주는 1달러에 좋아서 어쩔 줄 몰라 했다. 하지만 그 아가씨, 단돈 1달러에 좋아하는 표정을 보이지는 않았을 것이라는 생각을 해 본다.

야시장에서 뱀 쇼와 킥복싱을 관람했다. 뱀 쇼는 징글징글했지만 그 사람들의 밥벌이라는 안타까운 마음이 들었다. 맞고 치는 킥복싱이야말로 더욱더 안타까웠다. 손녀도 마음이 아팠는지 또 1달러로 답례를 했다. 마음고생을 한 우린 파인애플 농장에서 아팠던 마음을 풀게 되었다. 열대 과일나무들이 신기로웠다. 손녀는 사진을 찍느라 여념이 없었다. 맛있는 쥬스와 과일을 먹으면서 낯선 농장에서의 체험에 즐거워했다.

코끼리 트레킹을 했다. 즐거움 보다 불쌍한 마음이 먼저였다. 코끼리는 등치만 컸지 많이 지쳐 보였다. 하루에 몇 사람이 코끼리의 등을 탔을까. 코끼리 사육사와 그의 가족들은 더더욱 불쌍해 보였다. 비참한 생활이 옛날 우리의 모습을 보는 듯하였다. 하지만 우리의 옛날 생활상을 알지 못하는 손녀의 눈에는 어떻게 비치였을까.

마지막 밤은 화려한 밤이었다. 트렌스젠더들의 늘씬한 키와 화려하게 화장을 한 얼굴로 춤과 쇼를 하는 쇼야 말로 손녀의 눈을 반짝이게 했다. 무대에서 울려 퍼지는 아리랑에 초등 2학년인 손녀는 무엇을 느꼈을까. 차마 나는 물어 보지를 못했다. 단순히 한국 관광객이 많아서일까. 이번 여행에서 손녀의 영어체험은 갓 태어난 병아리의 삐악거릴 때의 소리만큼 입이 열렸을 것이다. 손녀의 첫 해외나들인 태국의 향기를 꼭 껴안았겠지.

빛, 유혹한다

홍콩은 승용차로 한 시간 정도의 거리이다. 접시에 사과를 담아놓은 도시라 할까.

빅토리아 파크에 오르자 확 트인 파크는 바다의 중심에 있다. 타워에 오르자 망망대해가 한눈에 들었다. 놀이기구를 타는 것도 어린 아이처럼 재미있었지만 신기한 것은 세계의 정상과 인기연예인들의 얼굴과 표정까지 표현된 밀랍인형의 전시였다.

홍콩의 멋은 야경이다. 낮 시간에는 밋밋한 회색 도시인데 해가 저물자 불빛으로 가득했다. 불빛, 아름다움의 극치지만 무미건조하다. 그 작은 도시에 불빛이 어찌나 많은지 마침 그 때가 봄이라서 지리산 바래봉의 철쭉과 산야에 핀 진달래축제가 생각났다.

부산을 방문한 사람이면 부산의 야경을 보고 감탄사를 자아냈다고 한다. 아마도 그랬을 것이다. 바다에 떠 있는 집어등과 시내의 네온사인 산동네에 켜진 불빛들이 어우러진 항만도시의 전경이 얼마나 아름다운지 알만하지 않은가. 오래전에 어떤 외국인이 부산의 낮과 밤에 깜짝 놀랐다는 일화가 있다. 나도 60년대 후반에 부산의 야경을 기억하고 있다. 낮에 본 부산은 매우 복잡하면서 군데군데에 쓰레기로 지저분했다. 밤에 산동네에서 내려 다 본 야경은 과연 놀랄 만했다.

도시의 불빛은 반짝거림으로 아름답지만 시골의 불빛은 은은하다. 한지 문으로 비추이는 호롱불과 바람에 흔들거리는 등피, 꽁무니에 불을 켜고 풀꽃에 앉는 반딧불이는 불꽃의 삼총사이다. 시골의 불빛, 정겹다.

하동포구는 매화와 산수유, 벚꽃들의 잔치인데 홍콩은 계절탓인지 꽃은 보이지 않고 무미건조한 불빛만 반짝거렸다. 불빛 아래의 꽃놀이도 황홀하다. 꽃과 불빛의 멋은 황홀함이다.

쇼핑의 도시라고 하지만 이해가 되지 않았다. 백화점이 세일을 할 때이겠지만 그곳까지 쇼핑을 간다는 것은 무의미하다는 생각이 들었다.

홍콩은 불빛이다. 바닷물에도 불빛이고 내가 걸친 옷도 불빛도 불빛이다. 홍콩에는 곳곳이 영화 촬영지이다. 영화의 도시에서 영화 한편 보지 못해서 아쉽지만 내 발자국 한 점 영화 촬영지에 찍어 두었다.

3부

앙코르와트, 신들의 도시

하노이 공항은 초가을이었다. 일학년인 손녀의 눈에 불우이웃돕기 박스가 띄었던 것 같았다. 손녀는 공항 안쪽 벽에 걸려있는 불우이웃돕기 성금으로 1달러를 기부하겠다고 했다. 나는 깜짝 놀라 칭찬을 아끼지 않았다. 손녀도 뿌듯해 했다. 멀고 먼 낯선 곳에서 초등학교 일학년이 서슴없이 성금을 기부하겠다고 하니까 흐뭇했다. 손녀들은 면세점에서 낯선 상품에 호기심이 많았다. 눈으로만 보고 사지 말라고 말렸지만 소품을 구입 하길래 살짝 눈을 감았다.

하노이 비행장을 떠나 한 시간 만에 씨엠립 공항에 도착했다. 호텔에 도착했다. 호텔직원들이 미소를 지으며 맞이했다.

신기했다. 여러 나라를 여행했지만 호텔직원이 친절하게 안내는 했지만 그 호텔의 직원처럼 친절과 미소를 함께 보인 적은 없었다. 레스토랑에서 식사를 하면서 민속춤인 압살라춤을 관람했다. 몸치장을 화려하게 한 여인들의 춤 맵시에 손녀들은 눈이 둥그레졌다. 손녀들에게는 화려함이 먼저였다. 호텔 내 상가에서 캄보디아의 전통상품들을 접하면서 캄보디아를 조금씩 알게 되었다.

호수의 다리에는 뱀의 몸통과 일곱 마리의 뱀 머리 난간으로 이루어졌다. 뱀의 전설이 곳곳에 눈에 띄었다. 옥수수를 닮은 석탑 '옥수수 양식'이라고 불리는 3개의 탑 중에 첫 번째의 기단에 들렸다. 신과 왕이 만든 왕들의 도시인 밀림 속에서 천년의 세계로 들어가는 것은 결코 가깝지 않았다. 앙코르와트는 세계 7대 불가사의 중 하나 69만 5천 평의 광활한 대지 위에 거대한 석조건축물은 사원이다. 13세기 타이왕국의 침략으로 크메르왕족이 수도를 점령한 뒤 밀림 속에 감춰졌다가 18세기 프랑스 탐험가(헤리 모하트)가 발견하여 다시 세상에 모습을 보였다고 한다.

앙코르와트 사원은 모래로 뭉쳐진 돌이며 돌 한 개당의 무게는 1.5톤에 달한다. 수백만 개의 돌이 채석장에서 사원까지 호수의 운하로 운반되었다는 사실이 밝혀졌다고 한다. 엄청난 사실에 어안이 벙벙했다. 크메르족은 왕이나 왕족이 죽으면 신과 같아진다는 믿음으로 왕들은 신의 사원을 건축하는 풍습이 있었다고 하고 '신들의 도시' 라는 어원을 품은 최고의 도읍지였다고 한다.

벽화는 돌 하나하나를 이어 붙여졌다. 부조가 그 시대를 대변해 주었다. 춤을 추는 압살라의 부조는 표정까지도 섬세하다. 코끼리 탄 장수와 말을 탄 장수의 모습과 부모와 형제를 두고 전쟁터로 떠나는 병사들의 눈에 눈물이 주르륵 흐르는 모습과 정반대로 웃으면서 뒤를 이어 따라가는 모습에 마음이 찡했다. 그 시대에 풍요와 불안, 전쟁과 평화가 공존했던 것을 부조로 통해 알 수 있었다.

왕궁에서만 춤을 추었던 압살라의 모습에 감탄을 했다. 왕궁의 생활상에도 감탄을 금할 수가 없었다. 신들의 도시에서 신들의 작품을 만나는 것이 짧은 순간이지만 그 속에 있는 한, 나도 그 시대 인이 된 기분이었다. 고무판에 섬세하고 매끄럽게 조각을 한 것 같기도 하고 도화지에 그림을 그린 듯해서 사람들의 눈치를 살피면서 살짝 만졌다. 차가운 돌이었다.

캄보디아의 현재 생활은 앙코르왕국의 시대보다 뒤떨어졌다는 생각이 들었다. 맨발로 다니고 바싹 마른 몸이 너무 안쓰러웠다. 아프면 병원이 없어서 멀리에 있는 도시까지 가야하고 병원비도 너무 비싸서 병원에 갈 엄두를 내지 못한다고 한다. 그래서 평균 수명이 오십 정도라 하고 노후문제를 걱정할 필요가 없다고 가이드가 살짝 일러주었다. 나는 몇 십 년 전, 우리의 모습과 비교를 해 봤다. 사실 부러운 것도 있다. 안경을 착용하는 사람이 없고 농산물 전부가 무 농약이고 미소를 잘 짓는 것이다.

우울증 환자가 많고 자살자가 많은 우리와는 비교할 수 없는 미소의 나라, 신들의 도시에서 산새가 아름답고 인심이 좋았던 우리의 옛 시절을 되돌아 봤다.

예쁜 미소와 좋은 인심은 같은 맥락이다.

탐프롬사원은 밀림 속, 사원이다

불교사원이 스펑나무뿌리에 점령당한 곳으로 찾아가기란 결코 쉽지는 않았다. 자야바르만 7세가 그토록 그리워한 어머니의 영혼이 거대한 뿌리에 점령당했다고 할까. 석조건축물에 새겨진 얼굴은 자야바르만 7세가 어머님께 바친 사원이라고 한다. 석탑의 얼굴 모습이 거의 다 똑같아 보이는 걸 보니, 자야바르만 7세 어머니의 얼굴이지 싶기도 했다. 일명 밀림사원이라 불리며 영화 '툼레이더'의 촬영지라고 한다. 그 영화는 보지 못했지만 그곳의 배경으로 상상할 수는 있었다.

천년의 세월동안 3천 개의 마을에 8만 명이 살았다고 하지만, 그 흔적이 밀림 속에 파묻혔는지 모습은 전혀 보이 않았다. 사원의 곳곳에는 스펑나무뿌리가 건축물에 비집고 들어가 건축물과 마구 뒤엉켜 있었다. 사원의 곳곳에 떨어진 씨앗이 거대한 뿌리를 내려 사원을 휘감고 있는 모습이 마치 보아뱀이 스펑나무를 감고 있는 듯했다.

땅보다 하늘에 더 가까운 스펑나무의 키와 거대한 뿌리의 생명력과 파괴력은 상상을 초월한다. 건축물 하고 한 몸이 된 스펑나무는 파괴력조차도 아름답다고 할까. 인간의 간섭을 전혀 받지 않는 자연과 석조건축물, 나무뿌리의 어울림이 사원을 보호하는 것인지 파괴하는 것인지 공존하는 것인지 알쏭달쏭 했다.

탐프롬사원에는 석조건축물과 스펑나무뿌리에 기생하는 새파란 이끼들이다. 수백 년 동안 복원되지 않은 허접함이 묘미를 느끼게 했다. 그런 광경이 자연의 미학이랄까. 파괴의 미학이랄까. 나는 화려한 문명과 자연의 위대함 앞에서 마음과 눈, 귀가 열리고 있음을 느꼈지만 천년의 역사가 허망한 뒤안길로 사라져가는 현실이 안타까웠다.

자야바르만 7세는 어머니가 그리워 통곡했다던 방은 아주 특이한 일이 있다고 한다. 손뼉을 치거나 신체의 부위를 치면 울림이 전혀 없는데 가슴을 치면 소리의 울림이 있다고 한다. 믿거나 말거나 이겠지만 신기했다. 사원에는 삼족의 침입을 받아 벽에 장식했던 보석을 약탈당한 자리에 주먹만 한 구멍이 파여 있었다. 그런 걸 보면 어머니에 대한 효심이 얼마만큼 지극정성인지 알 수 있다.

거대한 밀림 속, 탐프롬사원의 벽에도 그 시대의 부조들이 새겨져 있다. 부조에는 압살라가 춤을 추는 모습과 생활상, 나무에 원숭이가 매달려 놀고 있는 것이 그 시대의 밀림에는 원숭이의 천국이 아니었을까를 상상을 해 봤다.

탐프롬사원은 통행로를 제외하고는 전혀 수리를 하지 않는다고 한다. 일확천금을 노리고 상황버섯을 채취하려다가 발목 지뢰에 다쳤거나 수해로 떠내려 온 지뢰에 다친 악사에게 일 달러를 주면 아리랑을 연주해 했다. 우리는 타국에서 듣는 아리랑에 가슴이 뭉클했지만 손녀들에게는 무시무시하게 느껴졌을지도 모를 일이다. 스펑나무뿌리는 탐프롬사원을 점령했지만 우리 가족은 자야바르만 7세의 효심에 점령당했다.

앙코르톰에는 신들이 미소를 짓는다

툭툭이를 타고 앙코르톰으로 행했다. 앙코르톰의 상징인 크메르의 미소인 바이욘 사원 위의 석탑은 사람의 얼굴인지 사람의 얼굴이 석탑인지 미소를 머금고 있었다.

바이욘 사원은 석벽과 긴 회랑으로 축조되었다. 3층에는 십자형 구조는 원형형태였다. 자야바르만 7세가 스스로 중생을 구제하는 상징으로 바이욘 국가가 건설됐다고 한다. 200여 개가 넘는 불상은 비슷하면서도 서로 다른 미소를 짓고 있었고 와불 하나가 놓여 있는데 대승불교가 꽃피웠음을 짐작할 수 있었다.

벽화의 부조에는 병사들의 모습이 두 분류인데 얼굴이 크고 귀가 큰 병사는 크메르 병사이고 상투를 하고 수염이 있는 병사는 중국 병사라고 한다. 그 당시의 교육 풍경도 볼만했다. 크메르족들은 수업시간에 스승의 말을 경청하고 있는 반면 중국인들은 수업시간에 떠들고 딴 짓을 하고 있는 것까지 부조로 새겼다. 칼로 소를 찔러 죽이는 장면도 있었는데 그 당시, 국교가 힌두교였다면 어림도 없는 일이었지 싶다. 석탑에 핀 이끼들은 파란 옷이 되어 미소와 어울렸다.

바이욘 사원에는 귀족들의 생활과 서민들의 생활상까지와 타이족과 참족의 전투장면의 부조가 섬세하게 남아있는 모습에 감탄을 자아냈다. 문둥왕 테라스와 코끼리 테라스가 있었는데 실제로 문둥병을 앓았던 왕이 있었다는 설이 있다고 한다. 석상의 표면이 문둥병에 걸린 사람처럼 울퉁불퉁하게 새겨서 붙여졌다는 설이 있다하니 경이로움에 놀랐다. 코끼리 테라스에는 수많은 코끼리들이 줄지어 있었다. 코끼리 숫자가 얼마인지 짐작할 수 있을 정도였다. 지금은 코끼리보다 들판에서 풀을 뜯는 야윈 소들만 보였다.

앙코르톰은 신들의 이야기가 서려 있고 신들은 방긋이 웃고 있었다. 누구의 소원이 담겨진 돌탑일까. 미소를 보고 나도 미소를 살짝 지어봤지만 어색했다. 그들의 미소는 순수해 보였다. 밀림 속에서 문명의 흥망과 천년의 미소들을 볼 수 있고 신들의 땅에서 위대한 조각솜씨를 보니까 잠시나마 아주 행복했다.

하지만 어린 아이들의 모습이 안쓰러웠다. 학교 교육을 받아야 할 시기에 구걸을 하고 물건을 팔려고 관광객들에게 매달렸다. 손녀들도 마음이 찡했는지 부채 하나씩을 샀다. 불과 몇 십 년 전에 우리도 그랬다. 일본의 식민지와 6.25전쟁을 겪으면서 비참한 생활을 했지만 손녀들은 모르기 때문에 어른들이 이야기를 해 줘도 이해가 어려울 게다. 그곳에서 문화가 무엇이며 전쟁의 후유증이 무엇인지를 마음에 담아 보았다. 돌아오는데 북한에서 미사일 발사에 성공했다는 연락을 받았다. 우리는 전쟁의 잔재를 보고 무서웠지만 손녀들은 눈도 깜박하지 않았다. 그런 것이 경험과 비경험자의 결과였다.

예전에는 캄보디아가 우리나라보다 경제사정이 훨씬 좋았다고 한다. 6.25 직후에 비참했던 시절을 떠올리게 한다. 캄보디아는 광물자원과 목재가 엄청나게 많지만 정치적 문제로 경제개발이 후퇴되었다고 한다. 하지만, 방긋한 미소가 캄보디아 사람들의 희망이다. 앙코르톰의 상징인 바이욘 사원의 미소, 또한 캄보디아가 성장할 수 있는 상징이고 원동력일 수 있을 게다. 낯선 경험을 한 우리 가족은 밀림 속에서 본 신들의 미소에 어리둥절했다.

톤래삽 호수의 보트피플

햇살이 쏟아지는 호수는 더더욱 붉었다. 동남아의 최대 호수인 톤래삽 호수의 크기는 어마어마했다. 건기와 우기에 따라 면적이 캄보디아 국토의 15%를 차지한다고 한다.

유람선에 오르는데, 어린 아이들을 태우고 과일을 파는 작은 배가 재빠르게 따라 오면서 1달러를 외쳤지만 유람선의 안전사고 때문에 팔아주지를 못했다. 호수 양쪽에는 수상가옥과 선상가옥이 수상촌을 이루고 무국적의 베트남 난민이 30%나 살고 있었다. 우기에는 제주도의 일곱 배로 불어나 인구의 일만 명 정도가 대이동을 한다고 한다.

캄보디아는 역사적으로 전쟁이 잦았다고 한다. 월맹이 미국의 융단 폭격피해로 인해 보트피플처럼 떠돌다가 메콩강 국경을 넘어 캄보디아로 왔지만 전쟁 후, 베트남 정부에 낙인이 찍혀 입국을 거절당해서 수상촌이 크게 형성되었다고 한다. 그래서 캄보디아 당국이 난민들을 톤레삽 호수에서 살아갈 수 있도록 허용을 했다고 한다. 말하자면 공해상에 떠다니던 베트남인들은 보트피플이었다. 그래서 지금까지, 무국적으로 살아간다고 한다.

북한주민들이 북한을 탈출한다는 말이 자주 들린다. 두만강을 건너고 동남아의 여러 나라를 거쳐 들어오고 있다. 탈출자들을 모아서 새터민으로 생활하게 한다. 그것이야말로 보트피플이 아닐까. 톤레삽 호수에서 보트피플이 먼 곳에만 있지 않다는 걸 알게 되었다.

수상촌의 생활은 겉보기는 평화로워 보였다. 아픔이 생생하게 남아있는 슬픈 장소이기도 하지만 그들에게는 행복의 보금자리로 손색이 없을지도 모를 일이다. 그래도 톤레삽이 있었기에 크메르 왕국이 부강을 누리지 않았을까. 앙코르와트와 앙코르톰의 부조에서 짧은 견문으로나마 느끼게 되었다. 행복

지수는 그들이 더 높다고 한다.

햇빛 가리게 정도의 수상촌에도 수퍼마켓과 식당, 철물점들이 있지만 아직도 전기가 들지 않아서 배터리로 TV를 시청하고 나름대로 문화생활도 즐긴다고 한다. 학교도 배로 이용한다. 우리가 차를 이용하듯이 우리 눈에는 불편하고 힘들어 보이지만 IT산업으로 복잡하게 살아가는 우리들보다 간편하게 생활하는 그들의 마음이 오히려 편안하지 싶어진다. 수상가옥 주변의 앞마당이 수영장이고 놀이터이기도 하다. 아이들이 참 많아 보였다. 우리가 보기엔 가혹하리만큼 허름한 수상가옥에서 출산율이 높은 것은 산아제한을 하기 전, 우리의 모습을 보는 듯했다.

양동이를 타고 노를 젓고 물을 퍼면서 아슬아슬하게 나뭇잎처럼 떠다니는 아이들과 큰 뱀의 묘기가 관광객의 눈길을 끈다. 선상에서 관광객의 어깨를 두드려 팁을 받는 어린 아이들의 해맑은 눈망울이 가엾게 보여 가슴이 아렸다. 짙은 황토물에 오물이 섞여도 수량이 풍부하여 수질은 좋은 편이었다. 다행스러운 것은 면역력이 높아서 질병에 잘 걸리지 않고 자연치유력이 높을뿐더러 아플 때 약을 먹으면 금방 낫는다고 한다. 약과 건강식품을 달고 살아가는 우리와는 사뭇 다르다.

그곳에는 한국인이 운영하는 식당이 있고 봉사단체인 대구 칠곡교회와 다일공동체, 로타리클럽의 간판이 보여서 반가웠다. 우리가 흔히 말하는 도움을 받든 나라에서 도움을 주는 나라가 되었다는 것을 실감하게 되었다. 보답할 수 있어서 다행이다. 근래에는 메콩강 상류에 중국이 대규모 댐을 건설하면서부터 어획량이 많이 줄어서 환경의 피해로 살림살이가 더욱 어렵다고 하니 걱정이 앞선다.

손녀들은 거대한 호수와 수상 촌, 황토 물과 오물, 이색적인 환경을 화선지에 그리겠지만 나는 보트피플의 슬픔을 가슴에 부조로 새겨질 것 같다.

자연 속에서 머물다

퀸엘리자베스 공원에 들렀다. 그곳은 엘리자베스가 방문한 후에 여왕의 이름이 붙여 엘리자베스 공원으로 이름을 붙였다 한다. 튜울립과 민들레, 제비꽃이 눈에 띄어서 반가웠다. 식물도 지구촌을 이루나 싶었다.

벤쿠버 시내의 집들은 우리하고 달랐다. 우리의 아파트는 고층일수록 최고급 아파트인 반면에 벤쿠버의 집은 낮아야 고급이라고 한다. 아마도 땅이 크고 넓기 때문이 아닐까. 한 빌딩의 고층 레스토랑은 원으로 빙빙 돌았다. 가만히 앉아서 밤하늘에 뜬 달과 별을 보면서 맥주와 커피를 마시며 라이브 음악을 들을 수 있으니 그야말로 환상이었다. CN타워의 파노라마로 보는 벤쿠버의 시가지는 유난히도 숲이 많고 바다와 인접에 있어서 더욱더 아름다울 뿐만 아니고 알래스카로 가는 크루즈에 내 눈길 잠깐 머물렀다.

웅장한 로키산은 바위로 덮인 산처럼 바위가 많았고 물론 밀림지역도 엄청나게 크다고 한다. 밀림에는 목재가 얼마나 많은지 캐나나 전 인구가 90년 동안 다른 일을 전혀 하지 않고도 먹고 살 수 있을 정도로 목재가 많다고 한다. 군데군데에 호수가 있고 산림이 울창해서 우리의 산과 사뭇 다르지 않지만 밀림과 만년설이 우리의 산과 달랐다.

만년설의 빙원은 캐나다의 최대의 넓이 325평방km이고 고도가 3000m로 두께가 325m로 추정된다고 한다. 여기서 녹은 물이 태평양과 북극해로 흘러간다고 했다. 어마어마한 물의 양과 빙원으로 가는 도로는 얼음도로라고 했다. 얼음 위에 포장을 해서 그 위로 설상차가 다녔다. 설상차를 탄 나는 이국의 정취를 느꼈다. 얼음이 녹은 육각수를 마셨지만 찬 물맛이 었다. 하지만 30년 후에는 그 큰 얼음을 볼 수 없다고 했다.

빙하가 흐르는 지역은 나무가 자랄 수 없다고 한다. 그 부근에서 자라는 나무는 나이테가 없을 만큼 조금씩 자란다고 한다. 300~600년 자란 나무가 우리나라에서 20~30년 동안 자란 정도의 소나무 크기와 별다름이 없다고 했다. 그렇게 자란 나무들은 명품 악기를 만드는데 쓰인다고 한다. 그토록 웅장하고 아름다운 록키산에서 황홀감에 빠져봤다.

고산지대에 눈이 시리도록 푸른 호수, 형형색색으로 흐드러지게 핀 야생화를 뒤로 하고 내려오는데 푸른 초원에 나를 닮아 보이는 사람들이 무리를 지어 있었다. 그곳은 인디언 보호구역이었다. 개척자가 보호구역이라는 감옥 같은 곳에서 자유도 없이 살아야 된다니 인디언들은 세월의 무정함이 덧없을 것이다. 거대한 무리에서 작은 무리는 묻힐 뿐이었다. 잠시, 천도교인들이 괘씸했다.

노을빛이 살짝 자취를 감추자 나이아가라 폭포의 야경은 너무나 아름답고 웅대했다. 폭포의 물소리는 마치 천둥소리 같이 울려 퍼지면서 밤이 대낮처럼 밝았다. 오색찬란한 무지갯빛과 포말들 엄청난 물의 양은 그야말로 이 지구상에서 이해할 수 없는 곳이었다. 안개호를 타고 폭포 가까이까지 들어가자 유령에게 홀린 듯했다. 나이아가라 폭포에서 레인코트를 입은 나는 우렁찬 대자연의 소리에 달팽이관이 터질 뻔했다.

거대한 카지노의 안과 밖은 인종전시장처럼 보였다. 아시아에서 카지노를 하는 것은 겁나지 않았는데 그곳은 너무 색달라서 겁이 났다. 혹시 바가지를 쓰지 않을까 싶어서였다. 그 카지노에서 나는 아주 작은 점 하나였다.

팍상한 폭포는 원시적이다

부산에서 출발할 때 두꺼운 옷을 얇은 옷으로 갈아입고 슬리퍼를 갈아 신어야 했다. 필리핀의 국토는 우리나라보다 몇 배로 크지만 국민 소득은 아주 낮아 보였다. 특히 화장실에 걸린 화장지를 보고 금방 필리핀의 경제 수준을 알 수 있었다.

시원스럽게 펼쳐진 들판에 야자나무들이 이국의 풍경임을 보여주었다. 미니버스는 원시림을 뚫고 히든벨리에 도착했다. 원시림, 아름다운 수묵화였다. 침강계곡에는 섭씨 40도의 온천수와 광천수로 된 노천탕이 몇 개 있었다. 울창한 천년 림으로 둘러싸인 온천장이야말로 입이 다물어 지지 않을 정도로 상쾌하고 아름다웠다. 노천장에서 나뭇잎을 띄우며 피로를 푼다는 것은 행복의 극치였다. 어마어마한 히든벨리 공원이 개인 소유라 하니 더더욱 놀라웠다.

숲 속의 레스토랑과 방갈로에서 포도주를 마시며 라이브를 즐기니까, 첫눈 내리는 날, 트위스트를 즐겼던 나의 모습이 생각났다. 서로 상반되는 분위기이지만 느낌은 같지 않을까. 히든벨리는 마르크스와 이멜다의 별장이었다고 한다. 울창한 원시림 속에서 야자열매 하나, 내 앞에 툭 떨어지기를 바랐지만, 별빛만 유난히 빛났다.

세계 7대의 절경인 팍상한 폭포, 원시적이었다. 협곡의 군데군데에 떠 있는 보트들 야자나무 잎 같았다. 야자나무 보트에 관광객 몇 명을 태우고 어린 소년들이 급류를 밀며 거슬러 올라간다. 야자나무 보트를 가로막는 큰 바위들의 사이사이로 밀고 당기는 보트맨들의 힘겨움을 관광객들이 스릴이라 말할 수 있을까. 나는 그들이 너무 비참해 보여서 스릴은 있었지만, 차마 스릴이란 말을 내뱉을 수가 없었다. 우리말에 부자와 가난은 대물림 한다는 말이 있지 않은가. 그들 역시, 대를 잇는 일이라 그 일에서 벗어날 수 없다고 하니, 마음이 편치 않았다. 절경의 원시림 협곡에서 영화 '지옥의 문과 플래툰' 그리고 우리의 드라마 '여명의 눈동자'가 촬영된 곳이다. 절경의 원시림에서 뗏목을 타고 폭포수의 물을 맞은 나는 허황된 욕심을 털어냈다고 했지만 나의 비참함이 아니어서인지 그곳을 나오자 금방, 잊혀졌다.

수억 년 전, 폭발한 화산의 따가이 따이의 거대한 호수 속에 1977년에 폭발한 또 하나의 작은 호수가 형성되었다고 한다. 고요한 따알의 호수 밖으로는 잘 보이지는 않지만 따알 분화구는 휴화 분화구처럼 보이지만 활화분화구이라고 한다. 보트를 타고 따이가 따이의 호수에 내리는데 어린 아이들이 물건을 팔려고 기다리고 있었다. 그 네들은 우리 돈 1000원과 10000원짜리를 잘 알고 교환을 해주기도 했다. 어린 소년·소녀가 파는 물건을 나는 'No thank you' 라고 말하지 않고 'No need'로 거절을 했다. 나도 참 이상하다. 나는 그 불쌍한 어린 아이들에게 하나라도 팔아주었어야 하는데 팔아주지를 못해서 아쉽고 부끄러웠다. 말고삐로 모는 소년마부와 조랑말을 타고 따알 호수 입구에 내렸는데 작은 분화구에 물이 차 있었다. 한라산 분화구와는 사뭇 달랐다. 작지만 백두산 천지 같았다. 호수에서 호수를 보자 자연의 경이로움이야말로 무엇에 비유할 수가 없었다. 원시림에서 나는 야자 잎 보트 걸이었다.

해상낙원에서

세계 8대 비경으로 꼽히는 곳이고 영화 '인도차이나'와 로빈 윌리엄스의 '굿모닝 베트남'의 배경으로 우리에게 낯설지 않은 곳. 과연 그러했다. 하롱은 '용이 내린 자리' 라는 뜻이라 한다. 과거 외적이 침입했을 때, 하늘에서 용 부자가 내려와 적에게 여의주를 쏴 침략을 막았다 한다. 그때 여의주가 바다 가운데에서 기암괴석으로 변한 것이라고 한다. 전설의 유래로는 3000개의 섬들로 이루어진 하롱베이는 석회암의 구릉지가 오랜 세월에 걸쳐 침식되어 생겨났다고 한다.

크고 작은 섬들은 기암괴석과 환상적인 석회동굴과 숲을 이룬 섬이다. 기이하게 생긴 섬과 에메랄드빛의 바다와 어우러진 비경을 볼 수 있다. 조수간만의 차이로 이순신 장군이 명량해전 때 왜적을 대파한 것처럼 베트남인들도 조수간만의 차이를 이용해 몽골 해군을 수장시켰다고 한다. 재미있는 것은 키스바위와 용섬, 거북이섬, 원숭이섬 등의 별명으로 '바다계림'이라 불린다고 한다.

작은 배로 갈아타고 바위구멍으로 들어가자, 바다 하나가 펼쳐져 있었다. 그곳에는 파도가 잠잠해 호수 같기도 하고 작은 배가 드나드는 바위구멍만 없다면 백두산 천지를 갖다 놓았다고 할 만하다. 일본에서 팔려온 일본원숭이들이 사는 섬이다. 원숭이가 재주를 부리고 먹이를 얻어먹는 모습이 베트남의 경제에 도움을 주는 노예인 것 같았다. 수상가옥 마을에는 육지처럼 학교와 관공서 카페도 보였고 선상 교실에서 수업을 받는 모습도 볼 수 있다. 어린 아이를 태운 보트족이 과일과 음료수, 아이스크림을 팔기도 했다. 육지에서 자동차로 물건을 파는 것과 같다고 할까. 그곳의 사람들은 그곳에서 태어나서 그곳에 수장된다고 한다. 갈대지붕이 정겨웠다. 그들은 육지에 나오면 육지 멀미를 한다고 한다. 내가 배 멀미를 하듯이.

석회암동굴이 많지만 송곳동굴(천연동굴)의 석순은 물방울이 없어서 자라지 못한다고 하고 송곳동굴은 옛 베트남 전사들이 주둔해 게릴라 작전을 펼쳤던 동굴이라고 한다. 6.25 때 지리산에서 공비작전이 벌어졌다는 이야기를 상상해 봤다. 작전이 비슷하지 않았을까 싶다. 왕자와 소녀의 애틋한 사랑이야기의 전설이 동굴에서 무시무시함을 달래줬다. 동굴의 천정이 마치 파도가 치는 것 같아서 하늘의 궁전을 연상케 했다. 동굴을 나와 언덕에서 바라 본 경관은 아름다움의 극치였다. 스피드보트의 스크류에서 일어나는 하얀 물보라와 함께 바다를 쏜살같이 달리는 보트맨이 아리랑을 불렀다. 그 다음은 무엇이겠는가.

씨푸드의 식사를 즐기면서 수채화 같은 하롱베이의 절경을 만끽 할 수 있고 그곳의 주민들은 관광객들로 인해 문명에 물들어 간다고 하니, 그 사람들의 생활상을 머지않아 볼 수 없을지도 모른다. 손녀들은 그곳의 풍경과 사람들의 생활을 눈여겨 보았을까.

한 순간 하롱베이의 비경에 눈이 먼 우리는 6.25 때 베트남이 참전을 했고 베트남 전쟁 때 우리의 부대가 참전을 해서

상부상조를 했다는 말을 손녀들에 해줬다. 베트남은 자원이 엄청 많은 나라라고 한다. 석유량이 세계 6위이고 전쟁 이후로 젊은 인력자원이 엄청나게 늘었다고 한다. 어느 나라를 막론하고 전쟁 후에는 출산율이 높아진다는 설이 있지 않은가. 지하자원과 인력자원이 풍부한 베트남은 아시아의 용으로 떠오를 것이라고 한다. 전쟁의 역사를 모르는 손녀들 눈에 신나게 달리는 스피드보트와 원숭이만 보였을까. 나는 베트남보다 월남이라는 국명에 익숙했고 월남전으로 떠나던 군인아저씨들이 생각났다. 수십 년 전에 유행했던 월남복과 위문편지를 상기해 보는 여행이었다.

4부

빗속에서도 야경이 화려한 프라하

하루에도 몇 차례 내린다는 비가 부슬부슬 내렸다. 우산을 쓰고 빗속을 걷는 낭만의 도시에서 보헤미안이 된 것 같았다. 떠돌이 기질이 있는 나를 비가 눈치를 챘는지 잠시 멈춘다.

중세와 현재가 공존하여 더욱더 아름다운 도시 프라하는 1945년 이후 도시계획에 의하여 옛 도시가 보존되는 한편 새 건축문화에 의하여 프라하는 구시가지와 신시가지가 어우러져 조화로운 도시로 가꾸어졌다. 프라하는 문화의 도시로 유명하고 음악과 문학의 전통을 지닌 도시였다. 나는 신바람이 났다.

볼타바 강변에서 바라보는 카를교를 최고의 야경으로 꼽는다고 한다. 프라하의 야경은 카를교와 볼티바강이 프라하성의 버팀목이고 비경이다. 붉은색 지붕은 프라하성의 모습을 가지런히 간직하고 있다. 공연을 펼치는 중년악단과 거리의 화가들이 그리는 즉석 그림이 볼거리였다. 특히 카를교의 가치는 난간에 놓인 동상들이다. 난간 양쪽에는 성서 속, 인물의 조각상으로 카를교가 더 도드라져 보였다. 카를교는 프라하성의 구시가지로 오가는 보헤미안 왕국의 수도로 세월을 간직한 중세의 모습을 고스란히 담고 있다. 체코가 낳은 감독 카렉바섹은 프라하성과 바꿀 수 없을 만큼 칭송을 한다고 한다. 그리고 카를교는 영화와 드라마의 단골 촬영지로 사랑을 받는다고 하니, 아름다움의 극치임에 틀림이 없다.

예술의 나라에는 문화와 예술이 다리에서 일부분을 차지하는 것 같았다. 우리나라는 서울의 한강뿐만이 아니고 어느 다리에서도 문화와 예술혼이 숨 쉬는 다리를 본적이 없다. 오직 차량만 다니게 되어있어서 매우 안타깝다. 아름다운 강의 다리에 문화와 예술을 접목시킨다면 사람들의 정서에 큰 도움이 될 것이며 문화수준의 가치가 올라서 관광지로서도 한 몫을 할 것으로 생각한다. 그렇게 된다면 일석 몇 조의 시너지효과를 보게 되지 않을까 싶어서 잠시, 고민에 빠져본다.

프라하의 뒷골목에서는 프렌츠카프카의 자취를 만날 수 있다. 소설가 프렌츠카프카가 집필했던 황금소로도 카페와 책방으로 옛 모습의 정취를 지니고 있었다. 프렌츠카프카는 41세로 짧은 생애를 마쳤지만 체코 국민들에게 심금을 울리는 작품들을 남겼기에 책방이 옛 모습으로 남아있다.

낭만의 열광이 어우러진 사랑스런 도시 프라하는 인형극 마리오네트와 맥주가 유명하다. 아침에 마시는 맥주가 하루를 시작한다고 하고 주말에는 주로 인형극을 본다고 한다. 체코 사람들의 정서는 문화와 예술을 비켜 갈 수가 없다고 본다. 우리의 정서는 낮에는 일하고 퇴근 후, 밤에는 맥주와 여러 가지 술로 담소를 나누면서 그날의 피로를 푸는 것이 대부분이다. 그들과 우리의 문화가 이렇게 다르다.

체스키라이에서 거대한 기암괴석과 울창한 숲과 성곽들 그리고 예쁜 농가들로 만끽한다. 체코는 우리나라의 1/3밖에 되지 않는 작은 나라이지만 문화수준이 세계에서 열여섯 번째이고 예술의 집결지라고도 한다. 중세의 모습을 고스란히 간직한 도시는 물론이고 유럽 최고의 절경을 간직한 아름다운 자연 그리고 전통의 자부심이 넘치는 화려한 공연예술과 세계 최고의 맥주 문화까지 공유한다고 하니까. 은근히 샘이 났다.

부다페스트는 고풍스럽다

슬로바키아의 산은 대관령을 떠오르게 했다. 목재며 쌓인 눈, 스키장과 들판에 쌓인 눈은 낯설지 않는데 사람들은 낯설었다.

그 나라의 경제를 알려면 화장실의 화장지를 보면 금방 알 수 있다. 헝가리는 잘 사는 나라이다. 화장실에 백색 화장지가 잘 배치되어 있었다. 유럽을 여행하다 보면 사람의 체격에 비하면 화장실은 비좁은 편이다. 그리고 절약에 길들어져서인지 모르겠지만 차량도 사람의 체격에 비하면 아주 작았다. 우리와 너무 달라서 깜짝 놀랐다.

비가 부슬부슬 내리는 날씨에 우산을 받쳐 들고 왕궁의 언덕을 산책했다. 4월에서 10월 사이에 왕궁을 중심으로 조명을 환하게 밝히면 그 일대는 환상으로 빠져든다는 가이드의 말이 믿어질 만큼이었다. 부슬부슬 비가 내리는 날에도 왕궁의 아름다움이 나를 환상 속으로 끌어들였다. 부다의 왕궁과 페스트의 이슈트 대성당은 강변을 끼고 있었다. 고풍스러운 건축물들의 아름다운 모습은 다뉴브강의 장미와 진주라고 불릴 만큼 아름다웠다.

다뉴브강의 매력에 빠졌을 때 내 귓속에서 요한 슈트라의 (아름답고 푸른 다뉴브강)의 노래가 스멀거렸다. 아름답고 푸른 다뉴브강은 우리나라 최초의 성악가 윤심덕이 번안해서 부른 곡 '사의 찬미'로 유명하다. 도도하게 흐르는 다뉴브강의 선상에서 흥얼거려 본 '사의 찬미', 그리고 김춘추 시인의 부다페스트에서의 소녀의 죽음이 떠올랐다. 다뉴브강은 우리나라의 한강과 별로 다를 게 없었지만 예술가들의 예술을 접목시켰기에 달라 보였을 뿐이다.

화제의 영화 '글루미 선데이'(Gloomy Sunday)의 주 무대의 촬영지이다. 헝가리의 악사들이 연주하며 부르는 집시음악을 들으면서 세체니 다리를 거닐 때 가슴 뿌듯함과 동시에 예술인이라는 착각에 빠져들었다. 예술과 아이스크림이 함께 공존하는 헝가리의 거리음악과 화가들, 그들의 곁에는 항상 아이스크림도 예술처럼 따라 다니나 싶었다.

다뉴브강의 유람선을 타고 밤의 정취를 만끽할 때 어디선가 고향의 봄 동요가 들렸다. 잘못 들었나 싶어서 주변을 둘러보는데 한국의 한 이민자가 고향 사람들 속에서 향수에 젖고 젖어 고향의 봄 동요를 부르고 있었던 게다. 우리말에 고향 까마귀만 봐도 반갑다고 하지 않은가. 다뉴브강의 유람선은 즐거움과 그리움, 황홀함을 함께 태우고 다닌다. 다뉴브강의 물결은 예술의 혼을 싣고 오스트리아로 흘러가고 있다.

인디언이 운영하는 레스토랑에서 식사를 하게 되었다. 나는 인디언은 우리와 닮았을 것이라 생각했는데 섞이고 섞여 도무지 분간을 할 수 없을 정도의 유럽풍 이미지였다. 호기심이 발동한 나는 가이드에게 물었다. 단 하나, 인디언들의 후예는 목에 스카프를 둘러서 인디언이라는 표시를 한다고 한다. 유럽 사람 아닌 아시아 사람의 피가 섞여서 인지 약간의 동질감에 미소를 살짝 보내자, 그쪽에서도 미소를 방긋 보내왔다.

부다와 페스트에서 다뉴브강의 물결이 요동을 친다고 노천 카페가 귀엣말로 전했다.

아이슈비츠, 수용소가 말을 한다

프라하 공항은 어둠이 살짝 짙었다. 호텔까지 2시간이나 걸려서 이국에서 늦가을 풍경을 어렴풋이 느낄 수 있었다. 호텔에서 준비한 식사와 와인 한잔에 피로가 풀렸다.

폴란드의 아이슈비츠 수용소로 가는데 폴란드의 벌판은 군데군데 큰 웅덩이를 낀 평원이었다. 아이슈비츠의 수용소가 가까워지자, 섬뜩한 기분이 들었다. 아니나 다를까 첫눈에 들어오는 것은 막사와 막사 사이에 이중삼중으로 고압전류가 흐르는 전기 철조망이다. 우리의 군사분계선 철조망이 떠올랐다. 그곳의 철조망은 우리의 군사분계선 철조망에 비교가 되지 않을 만큼 더 섬뜩했다.

붉은 벽돌로 지은 28개동의 수용소 건물은 폴란드말로 오시비앵침이지만 독일말로 아이슈비츠로 더 많이 알려져 있다. 1974년에 박물관과 전시관으로 꾸몄다고 한다. 전시장 입구에는 캠프 오케스트라의 행진곡이 귓전에서 아련하게 맴도는 듯했다. 유대인과 죄수들의 심리를 진정시키면서 자연스럽게 집합을 유도하고 인원을 점검하기 위한 오케스트라이었다.

3년쯤 지났을까, TV에서 캠프 오케스트라 단원이었던 백발의 두 여성 노인을 본적이 있다. 두 노인은 단원들 중에서 바이올린을 연주한 연주자였다. 그 당시, 바이올린을 연주를 할 수 있었던 것이 그녀들의 목숨을 지킬 수 있는 유일한 방법이었다고 했다. 참회의 눈물을 닦는 모습이 되레 안쓰러워 보였다. 안네의 일기를 쓴 안네의 어머니와 언니도 노동일을 하다가 끝내 그곳에서 숨을 거두었다고 하니. 전쟁이란 승리를 하든 패하든 희생자가 많다.

전시장에 들어서는데 긴장감이 맴돌았다. 마치 비가 부슬부슬 내리는 밤에 공동묘지를 지나가는 듯 무시무시했다. 쓰다 버린 독가스 깡통이 산더미처럼 쌓였다. 그뿐이겠는가 가스실에서 나온 색 바랜 머리털이 산더미처럼 쌓여있고 가스실에 들어가기 전에 모아둔 안경들은 처형되기 전, 유대인들의 신발과 옷가지, 트링크와 브러쉬, 의수족, 그릇, 머리빗, 가죽가방들이 산더미처럼 쌓여있었다. 차마 눈을 뜨고 볼 수 없는 것은 어린 아이들의 옷과 신발, 우유병이었다. 감옥의 방바닥에는 그 당시의 참상을 그대로 보여주듯 아직도 짚이 깔려있었고 아무 것도 모르는 어린 아이가 우유병을 입에 물고 몰아쉬는 숨소리가 들리는 것 같아서 머릿속이 띵하면서 흔들렸다. 그러나 주차장으로 나오는데 바람에 흩날리는 샛노란 은행잎이 잠시, 모국의 늦가을 착각에 빠지게 해줬다.

독 가스실에서 가스를 마시며 죽어간 유대인, 지금은 망자의 영혼을 조금이라도 달래주려는 듯 추모의 꽃이 꽂혀있었다. 아이러니하게 지금은 폴란드에서 제일의 관광 수업원이 되었다고 한다. 그곳을 관람한 나는 우리나라는 일제식민지 때의 참상과 6.25 때의 참상을 왜 챙겨두지 못했을까. 그 참상을 잘 챙겨서 전시관에 전시를 했더라면 이러쿵저러쿵 할 필요가 없지 않을까. 그리고 관광자원이 될 수도 있지 않을까. 싶어서 아쉬웠다. 경제개발이 다급했지만 죽은 사람의 머리털로 가발과 카펫, 침구를 만들어 사용했다고 한다. 끔찍했다.

수도 바르샤바 선물코너에서 폴란드의 특산물인 보석 호박이 내 눈을 번쩍이게 했다. 그런데 선물코너의 판매원은 친절하지 않고 표정이 굳어있었다. 의아했다. 호박 선물코너에는 우리의 호박 껍질을 깎아 보석으로 만든 것처럼 자연색에 가까웠지만 사고 싶은 마음은 없었다. 아마도 판매원의 불친절과 굳은 표정 때문일 것이다. 가이드에게 살짝 물었더니, 전에 공산정권 국민으로 살았기 때문이라고 했다. 자유로워야 친절해지고 표정도 밝아지는 것을 새삼 느꼈다.

비엘리츠카의 소금광산은 지하 134미터로 된 지하 소금광산이다. 바다가 육지로 된 광산이다. 암염으로 조각된 말과 인부들의 동상이 소금광산이 지하의 역사를 말해주었다. 벽화로 조각된 조각과 조각상들이 군데군데에 있었다. 소금호수에서는 쇼팽의 음악이 흘렀고 독일의 대문호 괴테도 다녀갔다고 한다. 암염성당은 눈이 부실 만큼 아름다웠다. 요한바오로2세의 동상과 최후의 만찬이 벽에 벽화로 조각되어있고 마리아요셉의 벽화와 아름다운 상들리에는 내 눈을 의심케 했다. 암염으로 지어진 성당은 최고급 대리석으로 착각될 만큼 윤기가 반질반질했다. 지금도 성당에서 미사를 드린다고 한다. 말하자만 소금광산 안에 소금마을 하나가 있다고 할까.

폴란드의 옛 도읍지 크라코프의 바벨성과 바벨성당은 휘돌아가는 비스와강 언덕 위의 파란 숲 속에서 고풍스러운 빨간 매표소의 담장은 담쟁이넝쿨과 함께 비를 촉촉이 맞고 있었다. 빨간 건축물들은 동유럽의 대표적인 색인 듯 했다. 스필버그의 명작 쉰들러 리스트의 배경인 폴란드, 유대인들의 수난의 땅, 관광버스에서 영화 '쉰들러 리스트'를 보는데 하얗게 성에 낀 차창 밖도 쉰들리 리스트의 스크린이었다. 늦가을, 을씨년스러웠다.

예술의 도시를 거닐다

빨강과 노랑으로 물든 담쟁이와 피가로의 결혼과 커피의 향기가 나를 도나우 강물 속으로 빠져들게 할 것 같았다.

빈은 유럽의 동과 서를 잇는 교통의 요충지이다. 화려한 건축뿐만이 아니고 교향악단 중의 하나인 비엔나필하모니의 도시이고 모차르트와 요한 슈트라우스, 베토벤, 브람스, 슈베르트 음악가들의 활동무대였다고 한다.

이번에 두 번째로 오스트리아 여행길에 올랐다. 첫 번째 여행은 가을이었고 두 번째 여행은 봄이었다. 빈은 계절마다 느낌이 확연하게 다르다. 합스부르크 왕가의 여름궁전, 쉔브른

궁에 들어서는데 아름다운 정원에 쌓인 단풍잎들이 나를 반겼다. 궁중 안으로 들어서는데 가이드가 무려 1400개의 방 중에 40개만 일반인에게 공개한다고 했다. 궁전의 규모에 깜짝 놀라지 않을 수 없었다. 벨베데르 궁은 미술작품들이 전시되고 있었다. 그중에 황금빛의 마술사 귀스타브 클림트의 대표작인 『키스』와 『유디트』의 에로스는 농염하고 몽환적인 표현의 대표작 남녀가 포옹하는 모습에 눈길이 끌렸다.

다음의 방으로 들어가자 모차르트의 음악이 울려 퍼지면서 6세의 모차르트 사진이 걸려있었다. 모차르트는 궁중음악을 연주했다고 한다. 철의 여제로 불리는 마리아 테레지아는 오스트리아의 예술을 세계적 수준으로 끌어올렸다고 한다. 음악 분야에 관심이 많은 그녀는 천재소년 모차르트를 궁중에 초청해 피아노 연주회를 열고 칭찬도 아끼지 않았다고 한다. 말로만 들었던 천재음악가 모차르트를 궁중에서 사진을 보고 천재성에 어아인 벙벙했다.

빈의 골목은 예술가들의 기쁨과 슬픔, 희망과 절망, 사랑과 이별 등 다양한 이야기들이 가득 차 있었다. 보기에는 허름한 호텔인데도 그 호텔의 숙박료가 가장 비싸다고 했다. 그것은 당대의 유명 인사들이 머물렀던 곳이고 유명인사가 숙박했던 방은 더욱더 비싸다고 한다. 벽에는 유명 인사들의 사인이 있었다. 예술의 도시, 빈은 여느 도시와 사뭇 달랐다.

브람스와 슈베르트, 슈트라우스 일가의 묘비와 모차르트의 기념비 앞에 꽃들이 활짝 피었다. 그 꽃 속에서 모차르트가 얼굴을 살짝 내미는 것 같아서 그가 생존해 있는 것처럼 느껴졌다. 최대의 사원인 슈테판 사원은 모차르트가 결혼식을 올린 곳으로 유명하다고 한다.

음악의 도시 빈, 오페라하우스에서 음악을 감상하고 싶었지만 일행들의 반대로 아쉬움이 남았는데 그때 마침 김해문화의 전당에서 유라시안 필하모닉 금난새 오케스트라 연주회가 있었다. 금난새는 지휘를 하면서 그 음악의 해설까지 해줘서 음악을 이해하기가 어렵지 않아서 음악에 한결 더 젖어들 수도 있었다. 금난새는 성공요인은 '긍정의 마인드'에서 비롯된 것이라고 했다. 너무나 감명 깊은 말이었다. 빈에서 오페라하우스의 연주회가 아쉬웠지만 금난새 오케스트라의 연주회에서 다소 풀렸다.

빈 시내의 마켓에는 모차르트의 200주년 기념으로 초콜렛이 진풍경이었다. 상품마다 모차르트의 얼굴이다. 과연 놀라지 않을 수 없었다. 모차르트는 음악으로도 오스트리아를 빛냈지만 초콜릿의 기념상품으로 오스트리아의 경제에도 한몫을 할 것이라는 생각이 들었다.

영화 '사운드 오브 뮤직'(Sound of Music)에서 아이들이 도레 미 송을 부르며 뛰어놀던 미라벨 정원은 꽃과 분수, 조각상이 어우러져 운치 있는 풍경을 볼 수 있었다. 영화 속에서 대령과 마리아가 결혼식을 올린 미하엘 교회는 황금빛 벽과 18m에 달하는 파이프 오르간이 눈에 띄었다. 영화 속의 주요 촬영지인 아름다운 호숫가 마을 찰스카머구트에서 뮤지컬의 흉내만 내었다.

지난 가을에 손녀가 mbc 홀에서 공연하는 '사운드 오브 뮤직'(Sound Of Music)의 뮤지컬 공연에 초대되어 공연을 관람했다. 무대장치가 그럴싸했다. 대령과 마리아는 연극인들이고 유치원생들이 영어로 뮤지컬 공연하는 모습이 영화 속의 뮤지컬과 흡사했다. 나는 미라벨 정원에서의 뮤지컬이 떠올라서 기뻤다.

나는 걸었다. 알프스의 빙하가 녹아서 형성된 호수의 절경, 볼프강 호수가에서.

프랑크프루트의 시가지

프랑크푸르트 공항에는 엷은 햇살이 내민다. 하루에도 비가 몇 차례 내리는 날씨 때문에 독일에는 우울증 환자가 많다고 한다.

시내에서 성당과 금융가, 쇼핑센터를 관람하고 독일의 정신적지주이며 대문호 괴테의 생가 괴테 하우스를 방문했다. 그곳은 프랑크푸르트시민의 아들이라는 호칭을 받았던 괴테가 태어나 16년을 보낸 집이다. 괴테 하우스에는 괴테의 생애에 관한 서류와 작품들은 그가 그린 그림과 친필편지, 유명한 예술가들의 조각과 회화가 전시되어 있었다. 시인의 방에서 『베르테르의 슬픔』이 집필됐다고 한다. 괴테가 태어난 방은 기념관으로 옛 모습 그대로라고 한다. 그는 60세부터 생을 마감할 때까지 집필을 했는데 파우스트는 그 시기에 집필을 했다고 한다.

산책길로 잘 알려진 하이델베르크 거리는 '철학자의 길' 하이델베르크 대학에서 교편을 잡았던 헤겔과 야스퍼스 등 철학자들이 그 길을 걸으며 사색에 잠겼고 괴테도 그 길을 걸으면서 작품을 구상했다고 한다. 문학인들은 사색의 거리에서 영감이 떠오르기를 기대하면서 걷겠지, 나 역시 마찬가지였다. 터무니없게.

문화공간으로 거듭난 루르지방의 폐광으로 자리를 옮겼다. 19세기 초부터 땅속에 묻혀있던 검은 진주인 석탄은 세계에서 유일하게 완벽한 생산 능력을 갖춘 광산이라고 한다. 그러나 탄광으로 가동되던 어마어마한 공장을 지금은 국제건축전시회와 콘서트, 첨단산업상설매장 등 석탄 채굴과정과 역사를 보여주는 상설전시관으로 이용되고 있고 탄광기계와 도구들은 예전의 그 자리에 그대로 전시되어 살아있는 탄광의 역사를 보여주고 있다. 만일 오래되어 낡고 보잘 것 없다고 천덕꾸러기로 방치했다면 그 소중한 공간들은 사라졌을 것이다. 과거와 현대가 조화를 이룬 모습이 독특했다.

우리도 생활형편이 어려울 때 독일의 탄광이나 간호사로 취업차 많이 갔다. 얼마만큼 힘든 생활을 했는지 짐작이 된다. 그때 당시, 파견된 간호사들은 현재 60대들인데 아무것도 몰랐던 나는 몇몇의 친구들이 파견되는 것을 보고 부러워했다. 하지만 본국으로 돌아온 친구들의 이야기를 들어보면 간호보조원 역할을 하면서 힘든 허드렛일을 했다고 한다. 지금은 독일에서 돌아온 광부와 간호사들은 천의 자연경관을 갖춘 남해 독일마을에서 노후를 보내고 있다.

나는 어머니의 모습을 그려 보았다. 일본에서 생활했던 어머니는 모국으로 돌아와서 일본인이 경영하는 금광회사에서 회계업무를 맡았는데 그 당시, 우리나라에는 이렇다 할 정도의 기업이 없었다고 한다. 지금으로 말하면 그 금광회사가 대기업이라고 아버지께서 은근히 자랑을 하셨다. 지금은 그 금광회사의 입구가 얼음처럼 차갑다하여 얼음골로 이름이 지어져 한 여름이면 사람들이 더위를 피하며 즐기는 곳으로 유명하다. 유원지 아닌 유원지이다.

우리도 탄광문화촌이 있다. 석탄이 검은 황금으로 불리던 탄광지역에 삶의 현장을 재현해 놓았다. 활기가 넘쳤던 탄광촌이었다. 일본에서 러시아 탄광으로 끌려가 힘든 생활을 했던 러시아동포의 2세와 3세들도 내가 살고 있는 이곳으로 이주하여 거주하고 있다. 조부님과 부모님의 모국에서 살 수 있는 것을 행복해 한다.

프랑크푸르트의 대로변 담장 옆에는 마약중독자들이 즐비하다. 대낮에 얼빠진 모습으로 뒹굴고 거지처럼 마약을 동냥하기도 했다. 알콜중독자 같았다. 정부는 마약 중독자에게 마약을 복용하도록 준다고 한다. 얼마나 감당이 되지 않으면 정부에서 마약을 줄까. 궁금해졌지만 도저히 이해가 되지 않는다. 지금도 담장 아래서 뒹구는 마약 중독자들의 모습이 떠오른다. 그들은 마치 행위예술가 같았다.

융프라우는 처녀다

만년설의 풍경이 지구 온난화로 얼음이 녹아 흐르는 모습도 군데군데 눈에 띄었다. 끝없이 펼쳐진 융프라우는 독일어로 처녀라는 뜻이다. 4158m의 고산에서 저산소증으로 구토증세로 고생을 하는 여행객도 있었다. 끓인 라면과 커피 맛은 명품 맛이었다.

세계 5대의 만년설 중에 두 번째로 내 발자국을 찍었다는 마음에 상쾌했다. 메달이라도 취득한 기분이었다. 정상카페에서는 먹은 아이스크림이야말로 융프라우의 맛이었다. 융프라우에서는 안개와 비, 눈, 얼음 중 하나를 빼놓을 수 없었다.

호숫가에서 피어오르는 물안개와 넓은 초원에 핀 들꽃들을 보면서 융프라우로 떠나는 열차에서 요들송이 흘러나왔다. 알프스의 하이디는 보이지 않았다. 떠날 때에는 스위스만 도착하면 하이디가 춤을 추며 요들송을 부르는 모습을 볼 수 있으리라는 마음이었는데 선입견이었다. 한참을 가도 피리 부는 목동도 보이지 않았고 풀을 뜯는 소들만 한가로이 초원을 차지하고 있었다.

거대한 폭포 아래 집 가슴 조아리는 인터라켄에서의 밤 풍경은 폭포에서 물이 쏟아지듯 별이 쏟아져 내리는 듯했다. 호수의 에메랄드빛 물결은 야생화 꽃씨를 뿌려놓은 듯했다. 인터라켄은 동화 속의 폭포였다. 산악열차는 위로 위로만 올라가면서 대자연의 융프라우 풍경을 펼쳤다. 천상의 설산이었다. 시시각각 날씨가 변덕을 부리는 것은 신이 빚어낸 알프스의 보석일 게다.

융프라우 보다 마음을 설레게 하는 한라산의 풍경이 더 아름답다. 넓은 바다와 어우러지고 뚜렷한 사계절의 풍경이 다채롭지 않은가. 융프라우는 웅장한 설산이고 한라산은 계절마다 아기자기한 모습을 그대로 보여주는 산이지 않은가. 한라

산기슭에서는 조랑말이 하이디이다.

여수 엑스포의 국제관에서 융프라우관에서 영상으로 설산을 관람했다. 반가웠다. 나무판자가 바닥에 깔렸는데 사람이 서면 기우뚱거렸다. 입체감을 주기 위해서이다. 약간의 실감이 추억을 되살리게 했다. 융프라우의 만년설에 찍힌 내 발자국이 녹았는지 물었지만 대답이 없었다.

파리에 머물고 싶다

궁전의 금빛은 화려하다. 드넓은 정원이 일품인 베르사유 궁전에 들어서자 모나리자와 나폴레옹의 대관식 그림을 비롯해 거대한 그림들이 눈길을 잡는다. 궁전에서 가장 아름다운 거울방은 가면무도회와 파티장이었다. 국왕과 왕비가 거처하던 황금방도 내 눈을 반짝이게 했다.

세계 3대 박물관인 루브르 박물관에는 소장품이 40만 점이 넘게 전시되어있다고 한다. 르느와르와 마네, 밀레, 반 고흐, 모네의 낯익은 작품들이 전시되어 있어서 반가웠다. 오르세 미술관에도 우리에게 낯익은 인상파 작품들을 전시하고 있어서 그림만 만나는 게 아니고 미술계의 거장들도 만나는 기분이었다.

에펠탑은 높이가 무려 324m이라 81층의 건물과 같다고 한다. 워낙이 큰 철골의 조형물이라 놀라지 않을 수가 없었다. 상, 하 좌우의 파노라마를 보는 파리의 경치야말로 어디에 비할 데가 없었다. 세느강의 유람선을 타고 강가의 문화유적과 에펠탑의 야경을 보노라면 덧없이 아름답다. 전에 프랑스 특파원 박성범 앵커와 엄기영 앵커가 세느강가에서 롱코트 차림으로 뉴스를 보도하던 곳이라 낯설지는 않았다. 우리나라가 노론 소론으로 당파싸움을 할 때 파리에서는 에펠탑이 세워지고 있었다고 한다. 조선시대의 후진성과 프랑스의 선진문화에 말문이 막일 뻔 했다. 폭이 좁은 세느강에 실망도 컸다. 여행객들 사이에서 소매치기로 유명한 프랑스 경찰은 단속을 하는 건지 하지 않는 건지 알쏭달쏭하다. 프랑스 정부에서 눈을 슬쩍 감아주는 것일까. 의심을 하게 한다.

기존의 샹젤리제 개선문은 나폴리옹의 유럽제패를 기념하기 위해 세워졌다면 라데팡스의 신개선문은 인류의 영광을 위한 새로운 개선문이라는 의미를 지니며 프랑스의 대혁명 200주년을 기념하며 건립되었다고 한다. 미래지향적인 패러다임의 도시이자 감각적인 디자인의 고층건물로 빼곡해서 마치 먼 미래 도시에 온 것 같았다. 개성이 강한 건축물들은 라데팡스를 세련되고 감각적인 도시공간으로 유럽의 건축미학으로 자리매김할 것으로 보였다.

세계적인 조각가 문신과 그의 부인 화가 최성숙의 아뜰리에가 라데팡스의 신개선문 가까이에서 작품 활동을 하였다고 한다. 마산 조각공원에 설치된 문신조각가의 조각물들이 조각공원에서 그의 혼을 담아내고 있다. 화실에는 화가 최성숙의 신개선문의 밑그림이 전시되어 있다. 나도 그곳에서 라데팡스의 여행이 가슴에 새롭게 다가왔다. 가고파 바다가 바라보이는 언덕에 조각공원이 자리하고 있어서 조각물과 그림들이 한결 더 멋있고 정겹게 느껴진다.

프랑스 예술의 심장 몽마르트 언덕을 올라가려면 시와 음악, 그림, 댄스, 사랑과 정열 그리고 치명적인 유혹의 장, 파리 사교계의 권력과 돈, 남자들이 많이 모여들었다는 믈랑루즈의 영화가 유명한 믈랑루즈 극장과 전통적인 카페와 초상화가들이 그림을 파는 골목에 그림이 즐비하다. 예술의 언덕 데르트르 광장은 고흐와 피카소, 모델리안 등이 살면서 예술을 형성해 유명세를 타게 되었다고 했다. 피카소와 마네도 예술을 논했다고 한다.

부산 달맞이 고개의 갤러리에 가끔 간다. 그곳에서 그림들을 감상하면 몽마르트 언덕의 맛이 나지 않는다. 달맞이 고개가 미래에는 몽마르트 언덕처럼 애호가들이 많이 찾아준다면 몽마르트 언덕 보다 훨씬 나은 세계적인 예술의 달맞이 고개가 될 것으로 믿어 의심치 않는다. 넓게 펼쳐진 바다의 조망과 향긋한 갯내음, 조각공원과 갤러리들이 어우러져 환상적인 예술의 고개로 거듭나기를 기대해 본다.

낭만과 정열, 예술의 도시 파리를 살짝 엿보았다.

5부

소금

소금은 바닷물로만 만드는 줄 알았는데 티베트에서는 우물에서 소금물을 퍼 올려 소금을 만든다. 히말라야가 먼 과거에는 바다였다.

우리의 일상생활을 통해 소금은 중요한 역할을 한다. 운동으로 땀을 많이 흘린 후, 염분이 부족해서 머리가 아플 때 소금물을 마시든지 물에 간장을 타서 마시면 회복이 된다. 소금은 몸에 이롭지만 해로울 때도 있다. 성인병의 원인이 된다고 의사는 저 염분 식사를 권장한다.

천일염은 민간요법으로 쓰인다. 신경통이 심할 때 천일염을

볶아서 자루에 넣어 아픈 부위에 대고 있으면 신경통이 빠르게 사라진다. 감기에 걸렸을 때도 따뜻한 소금물을 마시면 가래가 빠져 나온다는 민간요법도 있다. 병원에서 사용하는 링거도 식염수이고 산모의 양수도 식염수처럼 약간 짜다고 한다. 소금을 민간신앙에 사용한 경험이 있다. 딸아이가 쌍둥이를 출산해 1개월쯤 지났을 때 숙부님께서 별세하셨다. 장례식에 참석하지 말라는 어른들의 말을 만류하고 문상을 다녀 온 이후부터 출산을 한 딸아이의 모유가 우물에 물이 마르듯이 말랐다. 도무지 이해가 되지 않는 일이었다.

그 후에 얼마 지나지 않았는데 당숙모님이 별세했다. 이번에도 문상을 다녀왔다. 또 이상한 일이 일어났다. 그로부터 쌍둥이 신생아들이 울기 시작했다. 미열도 없는데 먹지도 않고 6시간 동안 계속 울었다. 어쩔 수 없이 집안 어른이 시키는 대로, 상에 물과 소금을 얹어놓고 신생아들 울지 않게 해 달라고 딸아이가 기도를 하고 현관문 밖에 소금을 술술 뿌렸더니 신생아들이 울음을 뚝 그치고 잠을 자기 시작했다. 그때는 정말 절박했다. 그 이후부터 가족 중에 출산의 기미가 있거나 출산 후 한동안은 문상을 가지 않는다.

내가 어릴 때 신생아를 출산한 집 대문에는 황토와 소금이 양쪽으로 줄을 섰다. 그리고 새끼줄에 고추와 숯을 끼워 외부 사람의 출입을 막았다. 어른들은 우리와 같은 일을 겪은 것 같다. 나도 경험을 한 후에야 소금을 특효약처럼 쓴다. 예를 들면 꿈에 여자와 아이가 보이면 현관문 밖에 소금을 뿌린다. 그 날은 무사히 하루를 잘 넘긴다. 나도 민간 신앙인이 되었다.

산과 바다가 향연을 이루는 서해안에 여행을 하다 보면 염전을 볼 수 있다. 논에서 벼를 수확하듯, 염전에서는 소금을 수확한다. 참으로 신기하다. 논에는 볍씨를 뿌리지만 바다에서 보이는 것은 물과 모래, 진흙뿐이다. 태양과 바닷물은 공존하는 공존기술가라는 생각이 든다. 그리고 바닷가에 가면 움푹 파인 바위에 하얀 가루가 덕지덕지 붙어있다. 소금인 줄 알면서도 혀로 맛을 본다. 짠맛과의 장난이다. 몸에서 빠져나오는 짠물은 고약하다. 물이 소금을 밀어 내는지 소금이 물을 몰고 나오는지 알 수 없지만 물속에 소금이 있고 소금 속에 물이 있음은 공존의 관계라는 생각이 든다.

오스트리아의 볼프강 유역은 과거에는 바다였다고 한다. 흙과 소금이 섞인 들판에 농사를 지을 수가 없어서 주민들은 볼

프강에 생존을 의지한다고 한다. 말하자면 소금 때문에 관광 호수가 되었다. 알프스에서 흘러내리는 빙하와 유람선에서 흐르는 모차르트의 고전주의 음악과 소금은 초여름에 갓 태어난 잠자리의 날개와 같다는 생각을 선상에서 해 본다.

공간예술의 소금공예품은 일석이조의 효과를 낸다. 사람들은 물건을 흥정할 때 짠돌이라는 말을 쓰고 인심이 안 좋은 사람을 짜다는 말을 한다. 사람들의 인심에까지 깊게 파고 든 짜디짠 소금은 양면성을 보인다.

소금의 속을 해부는 못했지만 모양을 내 방식대로 그릴 수는 있다.

추임새

판소리와 마당놀이에서 고수가 얼-쑤 좋다만, 추임새인 줄 알았다. 그런데 무대에서 소리꾼의 흥에 박수를 보내고 끝날 무렵에 관객이 휘파람을 불며 앙코르 박수를 보내는 것도 추임새이다.

엄마의 뱃속에서 자라는 아기에게 태교를 하는 것도 추임새이지 싶다. 엄마와 아빠의 목소리로 동화를 읽어주고 동요로 된 태교 음악을 들려주면 태동을 한다고 한다. 그것은 흥겨움의 소통이 아닐까. 어느 의학박사가 방송에서 말을 했다. 뱃속에서 태교를 받지 못한 아이는 출산 후에도 엄마가 아기에게 주는 사랑이 충분하지 못하면 자폐아가 된다고 했다. 추임새란 심장과 심장이 부딪치게 하는 소통의 끈인가 싶다.

아기에게 까꿍까꿍을 하면 아기는 빙그레 웃는다. 알고 웃는지 모르고도 웃는지 모르겠지만 아기가 먼저 알아듣는 것이 까꿍까꿍이다. 사랑의 추임새로 아기에게 까꿍까꿍을 하면 아기는 깔깔거리면서 웃는다. 어린 아이가 재주를 부릴 때에도 "참 잘했어요." 라고 박수를 쳐주고 엄지손가락을 딱 맞춰주면 아이는 더욱더 흥겨워한다. 추임새라고 말하고 싶은 것은 흥겨움으로 소통을 한다는 뜻이다.

독서를 할 때도 어느 한 대목에 글이 아름답거나 가슴이 찡하면 나 자신도 모르게 미소를 지으면서 바로 이것이다 하고 무릎을 탁 칠 때가 있다. 저자는 내가 무릎을 탁 치는 추임새를 모른다. 그렇지만 내가 저자에게 보내는 추임새는 박수치기 아닌 무릎치기다. 이것이 나의 추임새 기법이다. 수필을 쓸 때에도 추임새를 넣는다. 글을 쓰다가 글이 싱거우면 비유법으로 추임새를 넣는다. 그것은 글에 리듬을 맞추어 톡 쏘는 맛을 내기 위해서다.

며칠 전에 유치원생인 손녀 둘이서 '독도는 우리 땅'의 가사를 하나도 빠트림 없이 불렀다. 4살짜리는 제 언니의 어깨 너머로 배운 실력이다. TV에서 '독도는 우리 땅'의 노래를 가수가 열창을 해도 나는 '우리 땅 우리 땅'의 추임새를 넣지 않았다. 그런데 손녀들이 '독도는 우리 땅' 노래를 부르면 '우리 땅 우리 땅' 바로 이것이로구나 하고 손뼉을 탁탁 치면서 '우리 땅 우리 땅' 추임새를 넣는다. 손녀들은 '하와이는 미국 땅 대마도는 몰라도 독도는 우리 땅'을 무반주로 리듬으로 부른다. 나도 무반주 리듬으로 '우리 땅 우리 땅'을 목청을 한층 더 높이면서 추임새를 넣는다. 추임새란 분위기를 맞추기 위해서 넣는 것도 있겠지만 독도는 우리 땅처럼 심장이 뜨거워지게 넣는 추임새도 반드시 필요하겠다.

나는 깜짝 놀라면서 '바로 이것이구나.' 라고 생각했다.

아이들을 유치원에서부터 '독도는 우리 땅' 노래를 가르쳐 부르게 하고 가족들이 '우리 땅 우리 땅'으로 추임새를 넣는다면 독도는 오징어와 문어, 꼴뚜기, 물새알 그리고 재주를 잘 부리는 돌고래와 거친 파도, 갈매기를 데리고 안도의 숨을 크게 내쉬고 편안하게 제자리를 지킬 것이고. 일본 사람들의 억지와 망언은 '우리 땅 우리 땅'의 추임새에 자연스레 밀려 나고 말 것이다. 추임새. 즉 흥겨울 때만 넣는 것이 아니고 사랑과 애정에도 넣는다.

나는 아침에 앞산에 오른다. 초입에서 10분 정도 지나면 조릿대 군락지가 있다. 아침이라 새들도 잠에서 깨어 기지개를 쭉 펴는지 시끄럽다. 봄바람은 잎 새를 키워 올릴 만큼 시끄럽고 여름바람은 연녹색을 초록으로 물들일 만큼 시끄럽다. 가을바람도 낙엽이 떨어질 만큼 시끄럽다. 그러다가 겨울바람이 휘몰아치면 조릿대는 제법 세게 일렁이면서 잎 새들끼리 부딪쳐 서걱서걱 시끄러운 소리를 낸다. 이때의 시끄러운 소리가 추임새다. 왜냐하면 흔들린 잎이 향기를 뿜어내기 때문이다. 조릿대 숲을 지나면서 잘 잤니? 인기척을 내는 내가 조릿대도 반갑지 싶다.

아침이면 조릿대 향기와 동행을 한다.

대화

형형색색 차림의 사람들이 줄을 잇는다. 강아지도 오르고 고양이는 주인의 품에 안겨 오른다.

조리대 군락지에는 거미들의 집들이 오밀조밀하지만 늙은 소나무를 닮은 사람들이 나무를 간벌하는 중이다. 나는 궁금했다. 잘린 소나무에 황토를 바르고 비닐을 왜 덮어씌우는지 그리고 소나무를 왜 베어내는지 이다.

산 중턱쯤에 바둑판을 닮은 바위가 있다. 그 바위를 둘러싼 바위 두 개가 더 있다. 때죽나무와 상수리나무, 아카시아가 바위 둘레를 온화하게 감싸고 있다. 봄에는 꽃으로 우리를 반겨주고 한여름에는 잎으로 햇빛을 가려주고 가을이면 토실토실한 열매로 마음에 살을 찌게 해준다. 그리고 겨울이면 누드로 전부를 보여주는 자연 친화적인 토크쇼 무대이다.

아침이슬이 촉촉한 산속의 바위에 앉아서 짝꿍과 대화의 문을 연다. 일종의 토크쇼다. 전날의 있었던 일에 대한 대화는 슬쩍슬쩍 넘기고 그날에 있을 일들에 대해 미리 토크를 하면 진달래와 산새들, 청개구리와 산길을 지나다니는 사람들이 관중이고 안개와 소나기, 눈과 우박이 관중일 때도 있다. 다양한 관중 속에서 대체로 지나간 일들이 더 시끄럽다. 미래의 일은 옥타브가 조금 낮은 편이다.

국회의사당에서 떠들어대는 여당과 야당처럼 서로 따지고 타협도 한다. TV에서 토론회를 하면 채널을 다른 방송으로 돌려버린다. 왜냐하면 서로 떠넘기기로 작정을 하고 출연을 한 것인지, 소통을 이루어 내지 못할 때가 많다. 정해진 시간에 토론을 맞추려고 사회자가 억지로 패널의 말을 막기도 하지만 그저 자기의 입장만 밝히려 할 때 안타깝기 거지 없다.

나의 잔머리 굴림도 일품이다. 대화에서 밀릴 것 같으면 화두를 다른 쪽으로 돌려서 대화의 질서를 깨어버린다. 지고도 이긴 것처럼 능청을 떤다. 때로는 방송국에서 토론회를 할 때

패널들의 모습을 은근 살짝 떠 올려본다. 하지만 짝꿍도 속셈은 있을 것이다. 대화의 방향에 대해 나 보다 잘 알기 때문이다. 아침이면 TV 뉴스를 보고 신문을 탐독하는 사람과 드라마를 즐겨보는 나와는 아주 상반적인 것을 나도 잘 안다.

대화의 주제는 본인의 사업에 관한 일들이 주류를 이룬다. 그 속엔 정치, 사회, 경제면이 꽉 차지하고 있다. 그러나 '자신을 기다리는 곳을 찾아라.'는 특종도 있다. 즉 '필요한 사람이 되어라.'는 뜻이다. 가정에서의 일들은 내가 잔머리 굴릴 필요가 없다. 화두를 돌리지 않아도 금방 이긴다. 전문 분야에서 최고가 되어야 살아남을 수 있다는 문구를 한번 써 본다. 자녀 교육과 가정 경제, 가족의 건강 문제에서는 내가 책임자요 전문인이다.

아침이면 바둑판 바위에서 벌어지는 토크쇼는 대체로 무승부다. 무승부란 서로가 양보를 할 때 이루어진다는 것을 바둑판 바위에서 알게 되었다. 짧은 아침 시간의 산책은 하루를 시작하는 청량제이다. 땀에 흠뻑 젖어 내려오면 활짝 핀 나팔꽃과 제비꽃이 방긋 웃어준다.

아버지

아버지의 토담집은 햇볕이 아주 잘 드는 남향이다.

그 주변에는 작년에 작고하신 작은아버지의 토담집도 있다. 작은아버지의 토담집은 현대식 건물처럼 근사하다. 아버지의 토담집은 그야말로 옛날 시골의 토담집처럼 문풍지 없이는 겨울을 나지 못할 정도로 구멍이 많다. 토담집에는 아버지의 마지막 숨찬 소리가 가느다란 구멍에서 새어 나오고 독이 꽉 찬 독사의 절박한 숨소리도 섞여 나오는 듯하다.

오래전, 독사가 폐암에 특효약이라는 글을 읽고 폐암 말기인 아버지의 약으로 쓰겠다고 이른 아침에 고향 앞산으로 향했다. 앞산은 남향으로 파충류의 동면으로 유명하다. 소 먹이로 다닐 때에는 독사를 만나면 겁이 나서 줄행랑을 친 산인데 그 산에서 독사를 잡기로 했다.

11월 말쯤에 독사를 잡는다는 것은 참으로 엉뚱한 짓이다. 우리는 하얀 뭇 서리가 내린 앞산에서 의심이 되는 구멍을 팠다. 초겨울의 산에서 독사를 찾는 것은 어처구니가 없고 이해가 되지 않을 성 싶다. 하지만 독사가 허물을 벗고 동면에 들어가면서 판 구멍을 어렵지 않게 찾았다. '뜻이 있는 곳에 길이 있다.' 라는 말이 생각 날 만큼 기뻤다. '심봤다.' 라고 산속에서 외치는 심마니와 흡사했다.

삽과 괭이로 구멍을 팠다. 구렁이와 독사들이 엉켜 붙어 겨울잠을 자다가 선잠에서 갓 깬 듯 우글거리며 우리를 주시했다. 그림에서도 만지고 싶지 않던 독사와 여러 종류의 뱀을 꼬챙이로 자루 속에 집어넣었다. 그때는 아버지를 살려야겠다는 마음이 간절했지만 지금 생각하면 엉뚱한 짓이었다. 누른 독을 이빨에 꽉 머금은 독사는 폐암 말기 아버지께는 소신공양을 했고. 철없는 나에게 잠시나마 희망과 기쁨을 안겨주었다.

가마솥에다 장작불로 끓여도 끓여도 엉겨 붙은 뱀은 풀리지 않았다. 그래서 숙모님이 쑥대로 휘휘 저으니까 확 풀렸다.

버드나무 가지로 저어도 잘 풀린다고 한다.

장어국인 줄 알고 드신 아버지의 얼굴에 막혔던 혈이 도는 듯했고 몸도 따뜻하다고 하셨다. 투약한 약물요법 때문에 입술과 입안이 헐어 음식물이 목으로는 도저히 넘길 수 없을 지경인데도 오직 살고 싶은 욕심에 국물을 마시던 아버지. 방사선에 태워지고 약물에 녹아 야윌 때로 야위었다.

아버지의 생명 연장을 보신탕으로 또 정했다. 개가 아버지에게 소신공양으로 몸을 바쳤고 23마리의 독사가 3개월 밖에 살 수 없는 아버지를 일 년까지의 생명을 연장시켰다고 생각한다. 그로인해 나는 현대판 심청이라는 말을 들었다.

아버지는 국화꽃 상여를 타고 북망산천가를 들으며 봄이면 할미꽃이 피고 한여름에는 배롱나무가 꽃망울을 망울망울 맺고 가을이면 바람 일어 은빛 억새꽃이 흩날리는 언덕배기에서 잔디로 새 옷을 갈아입고 영원히 지낼 수 있는 토담집으로 이사를 했다.

토담집으로 이사하기 전에 뱀 국물인 줄 알고 드셨다는 아버지. 빙그레 웃으셨다. 생애에 마지막 웃음이었다.

오랜 세월이 지난 지금 토담집에 난 구멍을 보고 아버지를 추억하게 되었고, 문득 뱀 국물을 목으로 넘기면서 살고 싶어 했던 아버지가 그리웠다. 혹시 아버지의 차디찬 몸이 뱀에게 약육강식이 된 것 같은 생각도 들었다. '세상에 공짜가 없다.'는 말이 있지 않은가.

줄담배를 피우시던 아버지도 담배를 끊으려고 무척 애를 썼지 싶다. 그러나 최후를 맞이하면서도 담배에 대한 원망은 없었다. 담배연기가 아버지의 연인이었는지 모를 일이다. 담배연기와 함께 세상일을 논하면서 아버지 자신을 지켰는지도 모른다.

나도 하루를 커피로 시작한다. 커피 중독자에 가깝다. 카페인이 온몸에 스며들어야 피로가 풀리고 기분이 상승되면서부터 집안일을 하게 된다. 기호 식품이지만 나에겐 이롭지 않은 식품이다. 친구와 지인, 동인들과 커피를 마시며 화기애애해질 때, 나도 삶의 맛을 느낀다.

아버지의 담배 맛처럼.

당산나무

봄에는 잎 새에 희망이 걸렸고 여름에는 매미가 사랑 노래를 부르는 당산나무, 가을에는 단풍으로 동네를 아름답게 해주고 겨울이면 삭정이 사이사이에 눈이 하얗게 쌓이며 까치가 둥지를 틀고 사는 당산나무가 동네 초입에 서 있었다.

태풍이 휘몰아쳐도 흔들리는 기색이 없이 동네를 잘 지켜주는 덩치가 굉장히 큰 당산나무가 버티고 서 있던 그 땅을 주인이 땅을 팔자, 새 주인이 당산나무를 베었다. 당산나무가 톱에 잘리자 피처럼 붉은 물이 나무의 결에서 많이 흘러나왔다고 한다.

땅거미가 지면 당산나무가 무서웠다. 그곳을 지날 때에는 눈을 꼭 감고 빨리 지났다. 왜냐하면 귀신나무라고 불렀기 때문이다. 동네 사람들은 집안이 시끄럽거나 가족이 아프면 새끼에 오색 천을 끼워 당산나무의 허리에 두르고 황토를 뭉텅뭉텅 놓고 기도를 했다. 그곳을 지나면 괜스레 가슴이 서늘해지고 머리카락이 쭈뼛쭈뼛 서는 것 같았다.

당산나무를 누가 언제 심었는지도 모른다. 그저 이름을 둥근 나무라고 불렀고 토속신앙으로 믿었다. 나도 배가 아파서 뒹굴 때가 가끔 있었다. 그럴 땐 어머니는 당산나무 앞에 물을 떠 놓고 빌었다. 당산나무에게만 소원을 빌었던 것이 아니고 이른 아침에 장독 위에 정화수를 떠 놓고 소원을 빌기도 했다. 어머니의 신앙은 당산나무와 장독이었다.

요즘은 절이나 교회, 성당에서 기도를 한다. 나도 법당 앞에 서면 가정의 평안함과 가족의 건강이 마음에서 줄줄 나온다. 사람들도 당산나무에게 소원을 빌었다. 그로인해 어느 누구도 당산나무의 나뭇가지를 함부로 꺾지 않았고 비바람으로 나뭇가지가 부러지면 조용히 치웠다.

새 주인이 당산나무를 베어버리자 동네 사람들의 토속신앙이 사라졌다. 그리고 동네에 액운이 들까 봐, 걱정을 했다고 한다. 다른 동네에서는 당산나무에 당산제 지내는 것을 본 적이 있다. 당산나무는 그 동네 어른들의 수호신인가부다.

나이는 나이테로 적립이 되었겠지만 당산나무를 벤 사람이 그 많은 나이테의 숫자를 세어보지 못했는지 말이 없다. 본적지를 모르는 것은 당연하다. 일명 호적이 없으니 영영 찾을 수가 없다. 요즘은 혈통이 좋은 동식물은 호적이 있지 않은가.

오랫동안 사람들과 동고동락한 당산나무, 반질반질한 결로 목재소에서 목공소를 거쳐서 예쁜 가구로 부잣집 안방에서 턱 버티고 있을지, 아니면 다른 용도로 쓰여 이름이 둥근나무 아닌, 예쁜 이름으로 개명이 되었는지.

사람들은 고향이 그리워질 때면 당산나무도 생각이 난다고 한다.

동치미

항아리 속에 무를 넣고 소금을 골고루 뿌려 무가 숨이 죽었을 때 물을 붓고 배와 파, 생강, 삭힌 풋고추를 띄우고 베란다에 두었더니 숙성은 빨리 되었지만 살얼음 얼지 않았다.

시골에서는 장독간에 동치미 항아리를 두면 동치미가 꽁꽁 얼어서 먹을 수가 없었다. 그래서 곡간에 두면 살얼음이 살짝 언다. 동치미 국물은 따끈한 청국장과 궁합이 맞았고 동짓날이면 팥죽과도 궁합이 맞았다. 고구마와도 궁합이 잘 맞아서 긴긴 겨울밤에 간식으로 즐겨 먹었던 시절이 추억으로 간간이 떠오른다.

동치미는 민간요법으로도 쓰였다. 아궁이에 연탄을 피우던 시절, 밤에 잠을 자다가 연탄가스에서 새어 나오는 일산화탄소에 취해 질식사하는 사람이 많았다. 나도 일산화탄소를 마셔 기진맥진했을 때 임시처방으로 동치미 국물을 마신 적이 있었다.

척박한 땅에 일곱 포대의 거름을 뿌렸고 씨앗 값이며 농기구와 농약 등을 구입해서 투자한 금액이 10만 원이 넘고 시간 투자와 두 사람의 감기 몸살까지 겹쳐 한 달간 들어간 의료비를 따지면 계산상으로 얼마가 될지 모를 만큼의 금액이지만 수확을 해서 담근 김치는 겨우 한 통밖에 되지 않았다. 값으로는 2000원의 가치가 될 정도였다. 노동의 가치에 비해 수확은 서글펐지만 순간순간 아주 작은 씨앗이 무거운 흙더미를 뚫고 올라와 새순을 보여주는 신비스러움과 잎 새가 파랗게 물들면서 자라는 것을 보는 재미의 가치는 10만 원의 몇 배 이상이었다.

이웃의 할머니도 텃밭을 일구어 배추와 무를 심었는데 탐스러울 정도로 싱싱하게 자랐다. 할머니께 "어떻게 하면 할머니 무와 배추처럼 키울 수 있어요?" 라고 여쭈었더니 "애기를 키

우듯이 정성을 드려야 된다."고 하셨다. 내가 빠트린 것이 바로 그것이었다. 발효되지 않은 독한 음식찌꺼기와 비료를 뿌리 가까이에 주었던 게 화근이었다.

아마도 텃밭의 무와 배추도 눈치를 알아챘을 것이다. 자식도 성공한 남의 자식과 비교를 하면 기운이 빠지고 용기를 잃는 것처럼 텃밭의 무와 배추도 비교를 당하면 뿌려주는 거름과 물이 먹기 싫어지나 보다. 할머니의 동치미도 살얼음이 얼지 않았겠지. 질투가 났다.

입춘을 며칠 앞둔 지금, 화려한 불빛을 좇아다니는 불나비같이 메말랐던 나의 감성이 텃밭으로 인해서 순수감성으로 조금씩 조금씩 변해가는 것 같아서 아침마다 텃밭에 열매를 챙기러 간다.

맛

갤러리에서 그림을 감상하면 색채감이 뛰어난 그림에 먼저 눈길이 가듯, 새 식구를 맞이할 때의 사랑스러움 맛을 최고급 요리에 비교하고 싶다.

손녀들과 손자가 출생했을 때 기쁨의 맛은 아주 컸다. 대기실은 온통 기쁨의 눈물 바다였다. 신생아실에서 손자와 손녀들과의 만남은 밤하늘에 뜬 은하수처럼 빛났다. 우리는 매주마다 손녀와 손자들과 놀아야 스트레스가 풀린다. 귀엽고 사랑스러운 손녀와 손자들과 놀고 싶어서 주말을 기다리는 재미로 살아가고 있다. 이만큼의 행복만 주어진다면 좋을 것 같다는 생각이 자주 든다.

딸아이가 첫 외손녀와 둘째 이란성쌍둥이들을 출산했을 때 외손주들을 목욕을 시키고 기저귀를 갈아주는 사이에 금방 정이 들었다. 외할아버지는 백일도 안 된 외손주들에게 매일매일 전화를 하면 외손주들은 외할아버지의 목소리를 알아듣고 귀를 쫑긋이 세우고 두리번거리면서 옹알이를 했다고 한다. 그리고 오랫동안 보지 못하면 전화통화로 회포의 맛을 즐겼다.

나는 여행을 즐긴다. 국내 여행은 물론이고 해외여행을 다니기 시작했다. 여행의 맛이란 또 다른 맛이었다. 선진국과 후진국의 맛은 너무도 달랐다. 문화재를 보는 맛과 자연경관을 보는 맛, 종교의 맛, 인종의 맛, 상품의 맛, 인디언 보호구역의 맛, 만년설의 맛, 다양한 언어와 풍토의 맛, 입심 좋은 가이드의 입맛 그리고 음식 맛으로 많은 것을 맛보았다. 여행이란 사람의 가슴과 두뇌를 풍요롭게 만들어준다. 여행의 뒷맛은 곡간에 쌓아 둔 곡식을 하나하나 꺼내 먹는 맛과 같다. 다양한 여행의 맛을 보지 못했다면 내가 선택해야 할 선택의 폭이 좁고 자신감 넘치는 생활을 하지 못했을 것이다.

오래전에 영어회화공부를 할 때 한 친구가 나에게 충고를 해 줬다. 사람은 누구와 친하게 지내느냐에 따라 10년 후의 모습이 달라진다고 했다. 처음에는 친구들 간의 질투라고 오해를 했다. 그런데 세월이 지나, 나이 든 내 모습이 거울 앞에서 한눈에 확 비춰졌을 때 그 친구의 충고가 떠올라서 새로운 것에 도전을 하게 되었다. 영어회화공부도 더 열심히 하고 문학공부도 하게 되었다. 지금은 그 친구에게 고맙게 생각한다. 친구가 충고해준 충고의 맛은 참으로 소중한 맛이었고 내 인생을 발전시켜준 고귀한 맛이었다. 만약 친구의 충고가 없었다면 백화점 쇼핑과 찜질방과 그 밖의 구질구질한 생활에 찌들어 우울증에 빠졌거나 아니면 내 자신에 대한 불만족으로 나 자신을 미워할지도 모른다.

사람은 경험의 맛을 많이 느껴야 성숙도가 높아진다는 생각이 든다.

솎음

들판에 들어서면 어떤 놈은 방글거리고 또 어떤 놈은 사시나무처럼 떨면서 저들끼리 눈치를 본다. 내가 나란히 키 재기로 줄을 세우면 작은놈들은 솎음을 당할까 봐, 벌벌 떨고 크고 튼실한 놈들은 의기양양 하다. 이놈들은 내 마음을 줄줄 읽고 있는 모양이다.

IMF이후 구조조정이라는 말이 유행어처럼 불린다. 아마도 구조조정을 하지 않은 기업은 별로 없지 싶다. 특히 대기업과 금융업계는 내가 텃밭에서 촘촘한 채소를 솎아내듯 종업원들을 솎아냈다. 명예롭지 못한 명예퇴직의 명찰을 달은 그들은 경험도 없는 사업과 장사를 하느라, 도시의 도로변은 현란한 간판들로 즐비하다. 그 간판들 속에서도 숆음은 있다. 사업과 장사가 잘 안 되면 숆음을 당해 제2와 3의 사람에게 넘기기도 한다. 그것뿐만이 아니다. 취업을 한 직장인도 새로운 직장에 안착하지 못하면 실업자가 된다.

심지어는 금융업과 대기업에서 임원으로 근무하던 사람이 해외로 나가 관광회사의 가이드로 취업한 사람들을 몇몇 본적이 있다. 그 사람들의 말을 빌리자면 한국에서 드는 사교육비로 해외에서는 생활비와 교육비까지 충당이 된다고 한다. 우리도 직장인이 있어서 은근히 걱정이 된다. 구조조정의 현실이 가슴을 찡하는 시대에 직면했음을 느꼈기 때문이다. 이번에도 미국 발 금융대란으로 벌써부터 구조조정이 요동칠 기미가 보인다. 글로벌시대라서 금방 영향을 받는다. 반사적 불이익이지만 저항할 여력이 없는 것이 우리 사회의 구조이다.

복잡한 사회 속에서 자격증을 갖추고 능력을 발휘하며 활동력이 강한 사람과 활기가 넘치고 젊고 예쁜 사람들의 틈새에서 소외감이 느껴질 때가 더러 있다. 건망증이 심해서 사람의 이름과 단어들이 기억에서 멀어지고 특히 운동으로 체력이 밀릴 때 숆음을 느낀다.

산에 오르면 초입에서부터 인부들이 크고 건실한 나무는 두고 작고 부실한 나무를 잘라낸다. 줄기가 튼튼하고 잎 새가 무성해야 사람들이 그늘을 찾는데 쓸모가 있다. 작고 볼품없는 나무들의 불평을 나는 안다. '작은 나무들이 산을 지킨다.'는 말이 있지 않은가.

농경사회 시절에는 봄부터 여름까지 물이 가득 찬 논이 많았다. 논에 가득 찬 물과 저수지에 가득 찬 물이 한더위에 주변의 온도를 내려주는 역할도 한다는데 산업사회와 IT산업으로 직장을 따라 움직이는 단독세대가 많아지면서부터 산업용지와 주거용지의 맹목으로 택지개발에 의해 논과 밭도 솎음을 당한 것이다. 그래서 푸른 숲보다 회색 건물이 점점 많아진다. 산과 들의 훼손을 막는 그린벨트와 블루벨트가 있다.

요즘은 벨트가 점점 풀려서 산과 바다가 훼손이 되고 있다. 안타까운 일이다.

파란 하늘에 촘촘히 박혀 빛나는 별과 떨어지는 별똥은 펄펄 끓는 내 가슴을 식혀 주기도 했다. 그러나 가슴이 싸늘해진 요즘, 별빛이 그리워 베란다에서 하늘을 쳐다보면 그토록 반짝반짝 빛나던 별이 보이지 않거나 드물게 보인다. 빛나던 별도 환경오염으로 숚음을 당했는지 아님, 고층건물에 의해 보이지 않은지, 사람뿐만 아니고 나무와 채소, 심지어 바다와 땅까지도 숚음을 당한다.

치타

해바라기가 고개를 숙이더니 코스모스 행렬도 덩달아 기관차 소리에 몸을 가누지 못해 흔들거린다. 칙칙폭폭 소리와 수증기가 폭폭 나풀거리는 증기기관차를 타고 다닌 추억이 있다.

나는 일찍부터 도시에 드나든 셈이다. 몇 시간에 한 번씩 운행하는 증기기관차에는 승객이 많아서 내 작은 체구는 좌석 사이에 꽉 끼어 바깥풍경을 보기가 무척 힘이 들었다. 그렇지만 은빛억새와 발갛게 잘 익은 감, 지붕 위에 열린 조롱박이며 단풍이 물드는 소리와 앙상한 나뭇가지에 하얀 꽃망울이 맺히는 설경을 촘촘하게 들어선 사람들의 틈 사이로 조금씩 볼 수 있을 때도 가끔 있었다.

나는 열차와 버스를 타면 멀미를 했다. 멀미로 고생을 하면서도 막내이모와 어시장에도 가고 태양극장에서 영화도 봤다. 그 당시, 최고 인기가 있었던 극장 쇼도 봤다. 그런 것이 이모와 나의 유일한 재미였다. 증기기관차와 버스를 타면 심한 멀미로 쓴 노랑 물까지 토해 내고 기진맥진해서 일어날 수조차도 없을 때 이모가 쌀뜨물을 마시게 했고 흰죽을 끓여 먹여서 정신을 차리게 했다.

부산에서 5원에 두 장의 전차표를 구입해 전차를 타면 나는 틈새에 끼어 내려야 할 정거장에 내리지 못해서 한 구간을 더 걸어서 다녀야 할 때가 가끔 있었다. 힘들었지만 그 시절이 잊어지지 않는 까닭은 남달리 일찍부터 증기기관차와 버스, 전차를 타고 다니는 생활을 했기 때문이다. 그 당시, 시골에서는 가까운 친척이 도시에 살지 않으면 그 주변에서만 생활을 해야 했기 때문에 증기기관차와 버스, 전차가 내 추억의 원천이다.

한 달에 몇 번씩 지하철을 이용한다. 치타처럼 빨라서 좋지만 밖에 고층빌딩의 풍경과 상가의 풍경, 붐비는 사람들의 모습을 전혀 볼 수 없는 것이 흠이다. 지하철에서 나는 두더지가 된다. 방향감각을 잃어 이리저리 헤맬 때는 흙을 파며 흙 속에 파묻혀있는 두더지나 다름이 없다. 두더지처럼 시력이 떨어지질 않을까? 쓸데없는 걱정을 잠시 해본다. 잠시나마 두더지가 되더라도 치명적인 멀미가 나지 않아서 다행이다.

차내가 깨끗하고 빠른 새마을호를 타면서부터 조금 편안해졌다. 차내에서 식사를 하고 커피도 편안하게 마실 수 있으며 멀미도 안 했다. 요금은 비싸지만 비싼 값을 했다. 조용해서 독서도 할 수 있고 눈을 감고 바깥 풍경을 상상할 수 있으며 나름대로 열차여행을 즐길 수 있었다. 새마을호가 증기기관차보다 훨씬 고급스러운 분위기이다. 승객도 증기기관차 승객보다 말끔해 보였고 여유도 있어 보여서 원동역을 지날 때면 기분이 물 위에 둥둥 뜬 것 같았다.

내 신경은 이따금 고급신경인가 부다. KTX를 타면 아예 멀미를 하지 않는다. 치타처럼 빠른 것이 멀미를 하지 않는 이유이다. 동행과 함께 몇 마디 이야기를 나누다 보면 어느덧 내릴 정거장에 닿고 만다. 너무 빨라서 밖의 풍경을 감상할 수 없는 것이 못내 아쉽고 추억에 젖을 여유조차도 없었다. 정글에서 치타도 속력을 낼 때에는 주변의 또 다른 먹잇감을 발견하지 못해 놓칠 때가 있을 것이다.

사람이 많이 모여 사는 수도권의 광역급행열차는 치타와 같을 것임에 틀림이 없지 싶다. 재빠른 휴대폰에 비유를 하고 인터넷에도 비유를 하고 싶어진다. 생각과 믿음, 꿈, 말이라는 4가지의 요소가 시간과 공간을 필요로 한 4차원의 생각이다. 광역급행열차 시대가 열릴 것으로 짐작해 본다. 출근시간을 걱정할 필요도 없을 것이며 중요한 약속시간의 걱정도 하지 않아도 될 것 같다. 승차감이 편안함은 물론이고 정확한 시간에 정차할 것을 기대해 볼 때 도시 속의 여행이 한결 즐거워질 것이다. 광역급행열차는 증기기관차와 전차, 치타처럼 빠르고 멀미가 나지 않는 지하철과 새마을호, KTX처럼 사계절의 풍경을 가슴속에 새기며 아름다운 추억을 끝없이 엮어 갈 것 같다.

출퇴근시간의 교통대란도 줄어질 것이다. 열차 내의 공간에서 이어폰을 귀에 꼽고 음악을 들으며 독서를 하고 신문을 읽고 인터넷의 접속으로 업무를 볼 수 있을 것이며 특히 여성들은 뜨개질을 할 수 있을 것 같다. 여가 선용과 함께 즐거운 출퇴근의 일상이 되리라는 생각에 빠진다. 정글에서 빠르기를 말하면 치타를 손꼽을 수 있다.

그런 탓으로 광역급행열차는 =치타라는 등식을 생각해본다.

낙화놀이

아름드리 버들과 느티나무는 연못 가운데에 서 있고 물이끼와 수련, 구름다리가 운치를 더해준다.

함안의 무진정 연못은 조선중엽에 세 개의 연못이 만들어졌지만 아쉽게도 지금은 하나만 남았다. 매년 4월 초파일 밤에는 불꽃비가 연못을 적시면서 민속축제와 낙화놀이로 맥을 잇는다. 연등과 연등 사이에 여러 갈래의 줄을 이어 참나무 숯가루를 광목에 돌돌 말아서 줄에 매달면 숯가루가 제 몸에 꽃을 피우면서 흘러내리는 불꽃놀이이다.

불꽃놀이는 어디서 시작 되었을까? 물론 화약을 만든 문명일 게다. 서구의 화약이 금을 만드는 꿈에서 탄생했다면 중국의 화약은 불로장생의 환약을 만드는 소망에서 태어났다고 한다. 고려의 궁정에서도 불꽃놀이가 행해졌다고 한다. 참나무나 느티나무를 태워 숯가루로 만든 낙화놀이가 불꽃놀이의 시초이지 싶다.

불꽃은 황홀하다. 어떤 색깔도 낙화하는 참나무 숯가루 불꽃과 느티나무 숯불에 비교할 수 없을 것이다. 불꽃은 허무하다. 어떤 아름다움도 이렇게 짧을 수가 없을 것이다. 하지만 짧은 순간의 농축된 강렬함이 불꽃의 매력일 게다. 일제히 피었다가 일제히 져버리는 벚꽃, 인간들의 틈에서 짧은 삶을 살다가는 벚꽃이 일본식 존재미학이라면 우리의 불꽃놀이는 액운을 태우고 풍년을 기원하는 풍경의 미학일 게다.

나도 화약놀이를 했다. 나무작대기 끝에 화약을 묻혀서 성냥개비로 불을 붙여 불꽃을 일게 한 놀이이다. 그리고 나무작대기를 아궁이에 넣어 불을 붙여 이리저리 돌렸다. 설상 그 정도 일지라도 아주 재미있는 놀이였다. 하지만 불꽃은 축제의 놀이일 수도 있지만 전쟁의 무기이기도 하다. 무진정 연못에서 위쪽으로 조금 올라가면 여항산이 있다. 여항산은 산세가 아주 험악하다. 6.25 때 전쟁의 격전지이었다. 포탄의 불꽃이 불꽃놀이를 연상케 했다고 한다. 포탄이 터지는 소리와 튀는 불꽃을 보고 주민들은 공포에 떨었지 싶다. 축제 때의 불꽃과 전쟁할 때 불꽃이 작열하는 모양이 거의 같고 폭발할 때 내는 소리도 같을 것이라는 생각을 잠시 해본다.

내 생각의 깊이를 재어보고 싶다. 자욱한 연기 속에서의 불꽃이 순수미학이라면 예술과 기술은 하나이지 싶다. 화가가 불감을 짜서 색의 향연을 펼친다면 기술자는 화학물질을 태워 빛의 웅장함을 연출한다고 할까.

서울에서 열린 올림픽 폐회식 때와 아시안게임 그리고 월드컵 전야제 때 하늘에서 흘러내리는 불꽃놀이를 TV에서 보았다. 아름다움의 결정체가 한강에 흘러내리는 불꽃과 공안대교 개통 때 바다에 흘러내려 집어등과 어우러진 불꽃이 아름답다면, 연못에 흘러내리는 낙화불꽃은 몽골의 하늘에서 대초원에 흘러내리는 별빛에 비유하고 싶다.

이탈리아의 카레이도스코프(Kaleidoscope)가 불꽃은 연인들의 키스처럼 덧없는 것이라고 표현했는데 절정의 그 순간에 사라지는 애통함이 아름다움이라면 나는 참나무 숯불이나 느티나무 숯불을 은은한 키스에 비유하고 싶다. 연못가를 서성이는 나는 꽃불이다.

개울

밤하늘을 쳐다보면 별이 유난히 크다. 별똥을 치마폭에 받고 싶다. 버들강아지와 작은 꽃들이 예쁘게 피는 개울은 계속되는 장마로 흙탕물이 범람을 한다. 징검다리가 잠긴 개울에 물고기들은 어디로 숨었는지 흙탕물에서 숨은 제대로 쉬는지 마음이 편치 않은 긴 장마이다.

강둑이 국내에서 가장 많고 가장 긴 곳으로 장마철이 되면 어김없이 강과 개울이 범람을 했다. 초등학교 1학년 때 담임 선생님께서 장마철에 홍수가 나면 나를 동네 어귀까지 데려다 주셨다. 흙탕물이 철철 넘쳐서 양쪽으로 새끼줄을 쳐서 위험의 표시를 해놓았던 다리를 선생님과 나는 손을 꼭 붙잡고 발로 더듬으면서 건넜다.

장마가 그친 개울에는 송사리 떼들이 몰려다니고 우렁이가 더듬이로 촉각을 세우고 기어 다닌다. 소나기가 쏟아지면 붕어와 미꾸라지는 빗줄기를 따라 공중에서 뛰어내리기도 했다. 그러다가 소나기가 그치면 실개천에는 물이 줄면서 붕어와 미꾸라지는 움푹 파인 곳에 갇혀 바글거렸다. 그곳은 살아 숨 쉬는 나의 자연학습장이었다. 요즘은 그 실개천에 물이 바싹 말랐다. 농경사회 시절에 사람들이 많이 살 때에는 사람과 물고기들이 어울러 살았는데 지금은 사람들이 도시로 나가고 사람의 숫자가 점점 줄어들자 실개천의 물고기도 사람처럼 떠났다.

개울은 내가 살고 있는 아파트 주변에도 있다. 방학이 되면 우리 가족은 자연 속에서 클로버 잎도 찾고 풀꽃을 따서 입에 물고 노랑나비와 너울너울 춤을 추고 달팽이를 느림보라고 놀리기도 한다. 휴가철에는 온 가족이 개울에서 양쪽으로 줄을 서서 대나무 소쿠리로 물속을 더듬으면 붕어와 피라미는 그 틈 사이로 펄떡펄떡 뛰면서 피한다. 거머리가 다리에 붙어서 피를 빨아도 모를 만큼 즐겁다.

지난겨울은 개울과 논바닥에 얼음이 꽁꽁 얼었다. 쌀 포대로 썰매를 만들어 손녀들과 썰매타기를 한다. 얼음 밑에서 떼를 지어 잠자는 물고기들의 모습을 보고 아주 신기해한다. 처음으로 타보는 얼음썰매이라서 미끄러지고 엉덩방아를 찧어도 아픈 줄을 모른다. 나도 손녀들 덕택으로 동심으로 돌아가 한때나마 즐거운 시간을 보내기도 한다.

아버지께서 짚으로 썰매를 만들어 끌어주셨던 재미와 우리가 손녀에게 쌀 포대로 썰매를 만들어 끌어주는 재미가 같다. 하지만 다가오는 겨울에는 기후이변으로 개울에 얼음이 얼고 얼음 밑에서 물고기들이 사랑을 하고 치어를 돌보며 노니는 모습을 볼 수 있을지, 지구 온난화로 자연생태기 또한 급변하고 있기 때문에 걱정이 앞선다.

햇빛이 쨍쨍한 날이면 풀벌레들이 우는 소리며 개울에 은빛 물방울이 방울방울 노는 것이며 아파트 사이로 두루미가 날갯짓 하는 모습이 상실된 내 기억을 잠깐이나마 되살린다. 나는 책이 출판될 때마다 손녀들에게 나누어준다. 손녀들은 그 책을 스승의 날에 담임선생님께 선물로 드린다고 한다. 그 책들이야 말로 담임선생님과 손녀들 사이에서 징검다리가 될 수 있구나 싶다. 내가 담임선생님과 손을 꼭 붙잡고 발을 더듬으면서 개울의 나무다리를 건넌 것처럼…….

길게 뻗은 개울은 즐거운 과거이자 현재이고 미래이기도 하다.

비상급식

급식이 흔한 말이 되었다. 먹을거리가 부족해서 나온 말이 아니고 풍족한데도 나온 말도 있다. 오랜 병중으로 인해 거동이 힘든 어르신들께 도시락 급식으로 끼니를 챙겨드리는 방문급식이 있다.

주남저수지나 우포늪에는 철새들이 날아든다. 그들은 그곳에서 새 둥지도 짓고 새끼도 친다. 때로는 그들끼리 모여서 내한공연도 갖는다. 주남저수지와 우포늪은 아름다운 무대가 된다. 그러다가 먹이가 부족하면 환경보호단체에서 먹이를 뿌려준다. 비상급식을 공급 받는 셈이다. 철새도래지에서 목을 쭉 빼고 먼 하늘을 쳐다보는 철새를 보면 배가 고파서 울먹이는 것일까 싶어서 안타까울 때가 가끔 있다. 보리뿌리나 미나리뿌리, 풀뿌리를 쪼아 먹다가 논과 밭의 주인에게 들기면 쫓겨난다. 농촌에는 기계의 현대화로 추수 후에 곡식의 이삭이 떨어지지를 않아서 새들의 먹이가 부족하다고 한다. 인정이 많은 사람들은 거두어 둔 곡식을 철새들에게 뿌려 준다고 한다. 긴급 할 때 쓰이는 비상급식이란 말, 아주 좋은 말이다.

지난겨울에는 눈이 유난히도 많이 내렸다. 불편해하는 사람들도 있지만 대체로 눈이 귀한 남쪽 사람들은 낭만으로 즐긴다. 산속의 동물들도 큰 고난을 겪는다고 한다. 울창한 숲으로 동물들이 서식하기가 좋아서 숫자가 많이 불어 난 방면에 먹이는 많이 줄어들었다고 한다. 그래서 겨울에 눈이 산을 덮어버리면 동물들의 먹이는 더더욱 부족해진다. 동물을 아끼고 사랑하는 사람들은 먹이를 산에다 뿌려준다. 급할 때, 산속의 동물들과 산새들도 비상급식을 제공 받는 셈이 된다.

논밭의 곡식들도 퇴비와 비료로 급식을 받는다. 곡식의 잎새들이 새파랗지 않고 누렇게 변하면 영양분이 부족하기 때문에 퇴비와 비료를 뿌려준다. 급식으로 퇴비와 비료를 얻어먹은 곡식들, 며칠이 지나면 잎이 새파래진다.

계절이 바뀌면서 꽃이 피고 열매가 토실토실 열린다. 급식이야말로 사람만 공급 받는 것이 아니고 먹을 것이 부족한 모든 생물들이 공급 받는다.

텃밭의 채소들은 내가 음식찌꺼기를 가져가면 좋아서 벙글거린다. 흙 속에 파묻었다가 간간이 간식으로 꺼내 주면 잎새와 열매들은 각자의 색깔로 물들이면서 나에게 간식을 제공한다.

비상급식, 종합병원의 응급실과 같다.

점묘화 기법의 수필 감상

- 수필집 『추임새』를 읽고

유 병 근(수필가 / 시인)

❖ 하나의 서설序說

수필개념으로 찍힌 본 대로 느낀 대로라는 말은 지금도 거의 요지부동이다. 변할 생각을 전혀 하지 않는 이 지루한 뜻매김은 어떻게 보고 어떻게 느끼는 것과는 거의 담을 싸고 있는 형편이다. 그런 결과 수필은 백인일색百人一色인 글쓰기로 굳어지고 말았다.

'내가 그 속을 파헤쳐 보건대' '내가 그 속의 울림을 들어보건대'와 같은 접두사가 붙는 것이 수필의 개념파악에 오히려 도움이 될 것이다. 그런데 교과서는 그게 아니다. 수필은 본 대로 느낀 대로라고 하니까 그 말을 깊이 음미하기는커녕 순진하게 겉으로만 알아차리니까 수필은 그냥 본 대로 느낀 대로의 얕은 글쓰기로 전락되고 말았다. 그러면서 수필은 문학이라고 떼를 쓴다. 문학이라면 문학이 될 수 있는 알맹이가 담겨 있어야 하는데 겉보기로만 보고 느낀 것은 문학과는 좀 먼 이야기가 된다.

마음은 이 경우 훌륭한 도움이가 된다. 육안이 아닌 심안心眼이 요구되는 것은 수필에서 당연한 사물보기이다. 육안으로 보는 것은 사물의 겉보기만으로 끝나지만 심안은 사물의 겉에서 내부로 뚫어보는 효력을 갖는다. '본 대로'는 이 경우 사물의 속청을 보고 느끼자는 것이다. 하기에 수필개념에는 육안을 비롯하여 심안이 절대적인 자리를 차지한다. 흔히 말하는 내면천착은 심안으로 사물보기를 말한다고 하겠다.

수필을 읽은 다음 금방 가슴에 닿는 울림이 있는가 하면 한동안 시간을 두고 울리는 울림도 있다. 스위치를 켜자 반짝 불이 켜이는 백열등, 몇 초 뒤에 어슴푸레 불이 와서 차차 환하게 빛을 쏘는 백열등도 있다. 금방 사라지는 울림이 있는가 하면 한 동안 오래 울리는 울림도 있다. 울림은 깨달음이다. 큰 깨달음이 있는가 하면 작은 깨달음이 있기도 하다. 수필을 읽는 것은 이 울림의 여운을 음미하려는 의도라면 어떨까 싶다.

만개한 벚꽃 아래를 걸을 때는 탄성이 금방 터진다. 백열등 같은 울림이다. 그러나 폐사지에서 보는 우묵하게 솟은 탑에서는 탄성이 종내 나오지 않는다. 하지만 그 폐사지의 탑을 둘러싼 이야기를 듣거나 책에서 내력을 읽은 다음에는 잔잔한 울림이 가슴에 들어찬다. 뜨거운 것은 금방 식지만 미지근한 뜨거움은 서서히 뜸을 들이듯이 식는다. 어느 것이 더 좋은 울림인가는 그 울림을 음미하는 처지에 따라서 울림의 빛깔과 깊이가 달라진다.

이런 점으로 수필은 울림을 동반하는 문학이라고 할 수 있다. 그 음미하는 가슴에는 지성이며 감성이라는 뜸질 또한 한 몫을 하고 있음을 저버릴 수 없다. 함으로 수필은 쓰는 일에도 대충 대충이 아닌 이러저러한 기교와 표현이 따르지만 감상하는 일에도 결코 편안하기만을 기대할 수는 없다. 하기에 수필은 재미로만 읽는 이야기문학이 아닌 나름의 의미를 찾아가는 깊이를 동반하는 문학임을 깨달아야 참다운 수필쓰기,

수필읽기라고 할 수 있을 것 같다.

수필에는 공짜가 없다. 얼굴 없는 개척자 정신만이 있을 뿐이다.

❖ 연꽃 만나러 가서

안미자 시인의 수필집 『추임새』에는 북소리 장단이 들린다. 그 소리의 바닥을 찾아보고자 하는 것이 이 글의 한 맥락이기도 하다. 일상적으로 흔히 대하는 사물을 시인의 눈, 시인의 감각으로 처리하고 있음을 눈여겨 볼 수 있다. 그것은 여느 수필과는 달리 사물을 눈으로만 보고 귀로만 듣는 일과는 거리를 두고 있기 때문이다.

수필은 재미있게 붓 가는 대로 쓴다는 것이 일반적인 통념이다. 하지만 안미자 시인의 경우 보다 깊은 안목으로 사물을 보고 이를 수필이라는 작품으로 끌어올리려는 당찬 노력이 보인다.

요즘은 연잎 밥 식당이 인기가 있다. 연잎의 향기가 은은하기 때문일까. 청정함 때문일까. 연잎 차도 즐겨 마신다. 백자에 연잎을 띄워 우려낸 연잎 차의 향기는 다른 차와 비교가 되지 않을 만큼 향기롭다.

후덥지근한 날씨에 연꽃들이 만개를 했다. 연잎은 추적추적 비가 내리는 날에는 더더욱 푸르다. 백련과 홍련이 어우러진 산책길을 걸으면서 짙푸른 연잎에 날름 앉은 청개구리와 연잎의 기울기에 따라 또르르 움직이는 물방울과 고추잠자리, 노랑나비들의 수다에 즐거웠다.

- 「여름밤의 꿈」에서

작품 속에는 '700년 전의 연꽃씨앗이 문화재 발굴 작업을 하던 중에 발굴이 되었다.'는 언술이 나온다. 그처럼 긴 생명의 뿌리를 달고 있는 연을 찬미하는 시인은 '연꽃 위에 떠 있는 연화정에 앉아서 찬란했던 천년고도 신라의 역사 속으로 숨어들었다.'고 술회한다. 연꽃과의 물아일체사상이다.

'샛별이 반짝 반짝거리고 음악분수에서 음악이 흐르면 홍련과 백련 꽃송이는 등불을 켜고 수련은 호롱불을 켠다. 도라지꽃과 접시꽃, 강아지풀은 촛불을 켠다. 상림수련지가 환하다.

산책길을 거니는 나도 반딧불이다.(상동) 이처럼 연꽃 밭의 정서가 두드러진다. 시인의 풍부한 감성이라고 할까.

시인 안미자의 수필은 점선으로 그린 점묘화를 연상케 한다. 문단과 문단 사이의 보폭은 과감하면서도 문단 앞뒤의 연결이 대필이고 건너뛰듯 한다. 이런 과감한 기법에서 수필의 참신한 맛을 더 음미하게 된다. 남해 다도해의 섬처럼 여기 한 점 저기 한 점 뚝뚝 떨어져 있으나 성글지 않다. 서로 독립된 문단 같으면서 전체가 조화를 이루고 있다. 남해 다도해의 수많은 문단 같은 섬은 서로 떨어져 있으면서 다도해라는 이름 아래 모여드는 아름다움을 갖는다.

> 화려한 색채는 삶의 희열을 강조하는 듯했고, 미묘한 감정은 회화적 아름다움으로 승화시키는 듯했다. 천경자 화가의 그림을 감상하고 난 후, 아버지와 이모, 그리고 나와 손녀들과의 사이에 클로버 꽃이 예술적 표현은 못되더라도 사랑과 애정의 표현이 된 것 같다.
>
> - 「바람이 지나간 자리」에서

위 글의 서두부분에 따르면 '얼마 전에 이모가 세상을 떠났다.' 그 이모와 천경자 화가의 그림전시회를 본 내용이다. 그 '이모는 나와 다섯 살 차이로 이모이지만 때로는 친구이기도' 한 다정한 사이였다. 클로버 꽃과 이모, 그림 전시화의 추억이 섬돌 건너뛰기처럼 서술된 수필은 애잔한 울림을 남긴다.

작품 「봄, 검진을 하다」에서는 화자의 건강검진을 비롯하여 동물, 식물의 검진을 망라하고 있다. 전지가위에 가지를 잘리는 나무도 일종의 검진으로 보는 화자의 수필관은 다음과 같은 구절을 남긴다.

> 정원에는 성형을 한 나무들은 예쁘다. 동물모양으로 다듬어진 나무는 초록동물을 보는 듯하고 물고기 모양의 나무도 본다. 나무는 봄과 가을에 검진을 받는다. 정원사는 나무의 건강상태를 살펴보면서 가지치기를 하고 부실한 나무는 링거를 꼽아준다. 치료를 받은 나무는 가을에 튼실한 열매를 맺고 잎도 윤기가 반질반질하다. 봄, 산수유꽃잎과 거닐고 싶다.
>
> -「봄, 검진을 하다」에서

수필은 수필가가 그의 가슴에 그리는 벽화다. 상기 작품 또한 그런 면에서 이해될 수 있을 것이다. 이른바 붓 가는 대로, 생각나는 대로 쓴다는 수필은 화자가 무엇을 얼마나, 어떻게 보고 생각하느냐에 따라 그 작품의 빛깔이 달라지고 그 작품에 대한 반응도가 달라진다고 하겠다. 하기에 독자는 그 작품의 고삐에 끌려갈 뿐 왜 이렇게 끌고 가느냐를 꼬치꼬치 따질 수는 없다. 다만 이런 방향이었으면 할 따름이다. 그렇게 말하는 이유는 붓 가는 대로 쓴 글, 생각나는 대로 쓴 글이기 때문이다. 만약 이건 요렇게, 저건 이렇게 하면서 글의 맥락을 독자 나름으로 견강부회한다면 그것은 화자의 작품이 아닌 독자의 작품에 지나지 않는다. 독자는 화자의 글의 흐름을 따라갈 따름이다.

> 벽화 같다. 하늘에 떠 있는 구름은 여러 가지 모양이다. 설악산과 낙동강, 동해바다가 있는가하면 동물과 새, 나무, 풀잎 모양들도 떠 있다. 올해는 청색 말 구름이 씩씩하게 달린다. 먹구름은 심기가 우울할 때의 내 모습이다.
>
> (중략)
>
> … 특히, 재개발을 해야 될 처지에 놓인 통영의 동피랑이다. 언덕배기의 초라한 벽에 화가들이 그린 그림들은 통영

의 과거와 현재를 볼 수 있다. 아주 소소하고 작은 것이라도 사라져가는 것을 재조명했다는 생각을 해 본다. 동양의 나폴리가 펼쳐져있는 동피랑은 통영 아닌 토영이다.

- 「벽화」에서

위 작품 내용에는 '천마총에서 발굴된 자작나무껍질' '고령산 보광사의 벽화' '대산미술관이 있는 유동마을의 벽화' 등이 눈길을 끈다. '내가 살았던 마산은 시의 도시로 지정'된 도시이며 '어머니가 쓰시던 장롱의 장식' 등 벽화와 인연이 닿는 기법으로 술회하고 있는 점이 특히 눈에 띈다.

골목이란 지나간 것에 대한 향수를 느끼면서 휴식의 여유를 갖게 해준다.

- 「골목에 피는 꽃」에서

화자는 골목에서 벽화와 같은 분위기를 느낀다. '지나간 것에 대한 향수'와 그 향수에 젖은 휴식이 그렇다. 그 골목은 보수동 책방 골목으로 시선이 옮아간다. '골목하면 부산 보수동에 헌책방 골목이 있다. 그 골목에서는 책의 연대와 종류를 논할 수 있다. 내가 가끔 들리는 곳이다. 그 골목은 상업적 가치보다 문화적 가치가 큰 장점이다. 헌책방 골목은 디지털이 아닌 아날로그이다.'

> 통영의 초정거리는 통영 근대문학의 산실이다. 시조시인 김상옥의 거리와 유치환의 거리가 있다. 중앙 우체국 옆에는 붉은 우체통이 있다. 행복과 향수의 시비가 있는가 하면 김춘추의 꽃 시비가 눈길을 멈추게 한다. 문화와 예술을 느낄 수 있는 골목이고 통영이 낳은 문학인들의 혼이 깃든 골목이다. 나는 엉뚱하고 주제가 넘지만 통영 아닌 토영에서 태어났더라면 싶은 마음에 초정거리가 부러웠다.
>
> - 「골목에 피는 꽃」에서

예향 통영의 거리를 거닐면서 시인 유치환과 김춘수 그리고 시조시인 김상옥을 떠올리는 일은 거의 자연스런 일이라고 하겠다. 그 시인들이 남긴 주옥같은 작품세계를 부러워하는 화자는 '부러웠다'는 언질로 통영 아닌 토영이라는 말을 쓰고 있다. 토영은 때로 퇴영이라고도 하는 통영사람들의 발음이며 그 사투리다. 시인 김춘수는 퇴영아리고 하는 사람이 진짜 통영사람이라고 어느 글에선가 쓴 적이 있다.

화자는 통영 인근에서 좀처럼 걸음을 딴 곳으로 옮기지 못한다. 거제도 학동의 몽돌해안을 거닐면서도 통영변두리를 걷는 생각에 잠긴다. 동백꽃이 지천으로 피고 지는 지심도에서도 생각은 통영에 가 있었다고 하겠다. 하기에 '박경리 선생의 기념관'을 둘러보는 일정을 거르지 않는다.

작품구성을 다소 거칠게 직조한 것은 전통적인 글쓰기 방식에서 벗어나 나름대로의 새로운 구성방법을 탐구하려는 노력에 의함이 아닌가 생각된다. 전통적인 기법은 천편일률적이다. 거기서 과감하게 벗어나 새로운 기법을 세워보자는 욕구가 작품 전반에 전개되고 있는 점도 특이하다면 특이한 점이다. 비유가 알맞을지 모르나 잭슨 폴록의 그림기법이라고 할까. 그런 것이 보이는 문단처리는 다소 낯설다.

> 주변에 다문화가족이 많아졌다. 단일민족이라고 우겨도 섞여 살아야 될 시대에 직면했다. 사람에게만 다문화가 있는 게 아니고 산과 개울, 늪, 강에도 이미 다문화를 이루었고, 바다에도 어종들이 해수의 온도에 따라 옮겨 다닌다. 공중을 날아다니는 철새 또한 다문화가족일 게다.
>
> - 「다문화」에서

세계화라는 구호는 세계를 이런 저런 이유로 갈래 지을 것이 아닌 하나의 이웃으로 보자는 의미일 것이다. 하기에 어느 민족 어느 나라라고 할 것이 아니라 모두가 하나의 인간정신으로 돌아가자는 구호일 것이다. 그것은 인간에 국한된 것만이 아니다. 낯선 어종이 우리 해역에서 나타나고 낯선 초목이 산을 차지하는 세상인데 굳이 내 나라 네 나라로 갈라서지 말자는 구호를 읽을 수 있다.

> 외국에서 우리 주변에서 서식하는 나무와 풀, 꽃, 새들을 만나면 반갑다. 까치와 노랗게 핀 민들레를 보면 우리의 토종인데 의아해 하면서, 그 먼 곳에서 나를 반겨주는 것 같아서 더욱더 반갑다. 외국인들도 자기 나라의 동식물을 만나면 오래전의 친구를 만난 것처럼 반가울 게다.
>
> - 「다문화」에서

이웃을 사랑하라는 말 속에는 다문화이웃을 사랑하라는 말로 이해되는 현실이다. 사랑한다는 것은 삶에서 갖는 일종의 추임새다. '추임새, 즉 흥겨울 때만 넣는 것이 아니고 사랑과 애정에도 넣는'(「추임새」) 삶의 가락이다.

수필을 쓸 때에도 추임새를 넣는다. 글을 쓰다가 글이 싱거우면 비유법으로 추임새를 넣는다. 그것은 글에 리듬을 맞추어 톡 쏘는 맛을 내기 위해서다.

- 「추임새」에서

수필작품을 해설하거나 감상하는 일 또한 일종의 추임새 아닐까. '추임새란 분위기를 맞추기 위해서 넣는 것도 있겠지만 독도는 우리 땅처럼 심장이 뜨거워지게 넣는 추임새도 반드시 필요하겠다.'(상동) 그런 점에서 추임새는 신명이다. 수필을 쓰는 것도 신명풀이이며 수필을 음미하는 것 또한 신명놀이다. 물아일체는 작가와 독자가 한 마당에서 어울리는 일이다. 그 어울림을 나름대로 짚어보았다.

추 임 새

인쇄 2014년 5월 23일
발행 2014년 5월 30일

지은이 / 안 미 자
펴낸이 / 김 창 석
펴낸곳 / 홍익출판사

주소 / 대구시 중구 동덕로26길 78
전화 / 053) 421-6700, 427-3627
팩스 / 053) 423-5965
등록번호 / 1987년 11월 26일 제1-107호
E-mail / hongick88@hanmail.net

정가 12,000원

ISBN 978-89-7826-258-3 03810

• 잘못 만들어진 책은 교환해 드립니다.

이 도서의 국립중앙도서관 출판시도서목록(CIP)은 서지정보유통지원시스템 홈페이지(http://seoji.nl.go.kr)와 국가자료공동목록시스템(http://www.nl.go.kr/kolisnet)에서 이용하실 수 있습니다. (CIP제어번호 : CIP2014016391)